KB153477

누가 더 끝까지 해내는가

누가 더
끝까지 해내는가

완벽한 사람들의 여덟 가지 행동 법칙

THE RISE

세라 루이스 **지음 · 박지훈** 옮김

웅진 지식하우스

세라 루이스의 《누가 더 끝까지 해내는가》는 혁신의 시대인 지금 반드시 필요한 삶의 지침이다. 삶은 결과가 아니라 과정이다. 변화하는 시대에서는 끝없는 도전만이 혁신의 시대에 완벽해지는 유일한 대안이기 때문이다. 도전과 혁신은 필연적으로 실패를 내포한다. 실패를 배제하는 것은 혁신을 피해가는 행동이다. 빠른 실패를 하고, 이를 통하여 학습하여 새롭게 다시 도전하는 기업가 정신이 시대 정신이 되고 있는 것이다. 삶이란 끊임없이 도전하는 과정에서 얻게 되는 자아실현의 행복으로 아름다워진다. – 이민화(카이스트 교수, 창조경제연구회 이사장)

남들보다 빠른 성공과 남들보다 많은 부의 축적을 원하는 사람이라면 이 책을 펼쳤을 때 곧 실망할 것이다. 《누가 더 끝까지 해내는가》는 다른 가치를 제시하고 있기 때문이다. 저자 세라 루이스는 실패와 좌절의 경험을 통해서 우리는 무엇을 배우고, 어떻게 그 실패의 자리에서 다시 일어설 것인가를 논의하고 있다. 압권은 실패했을 때 어떻게 후회와 좌절을 극복하고 다시 일어설 수 있도록 만드는가에 대한 조언이다. 진짜 창조적인 아이디어는 직관에 어긋나는 경우가 많아 첫눈에 실패로 보일 수 있다는 사실을 기억하라고 말한다. 그래서 다른 사람들의 비평과 지적에 너무 휘둘리지 말 것을 권고한다. '항복'도 좋은 방법이다. 그것은 자신의 주장을 물리는 것이 아니라, 나 자신을 다른 존재의 방식에 내맡기는 일이다. 진정으로 자기 내면에게 '항복'을 선언할 때, 우리는 다시 일어설 수 있는 참 용기를 얻게 된다. 실패의 고통은 형벌이 아니며, 성공의 즐거움은 보상이 아니기 때문이다.
이 세상에서 성공만 했다고 자부하는 사람은 자신을 속이고 세상을 속이는 것이다. 누구나 뼈저린 실패의 경험을 안고 산다. 낙심하고 좌절될 때, 이 책은 다시 일어설 수 있는 용기를 준다. 성공했다고 자만하지 않고, 실패했다고 의기소침해지지 않는 삶을 선택한 독자들에게 자신 있게 권하는 책이다. – 김상근(연세대 교수, 《사람의 마음을 얻는 법》 저자)

회복탄력성은 실패와 역경을 도약의 발판으로 삼을 수 있는 마음의 근력이다. 이 책은 미술, 스포츠, 문학, 음악, 무용, 탐험, 과학, 건축, 영화, 사업 등 다양한 분야에서 실패를 통해 성공을 이뤄낸 회복탄력성의 수많은 사례들로 가득 차 있다. 저자는 실패는 성공의 어머니인 정도가 아니라 '실패만이' 성공으로 갈 수 있게 해주는 열쇠임을 깨닫게 해준다.
길 없는 넓은 벌판을 걸어 갈 때에는 항상 옳은 방향을 유지하기가 불가능하다. 그것이 인생이다. 우리는 늘 똑바로 가고자 노력하지만 뒤돌아보면 발자국은 항상 어지럽게 널려 있다. 그래서 삶이 아름다운 거다. 완벽함에는 오히려 어떠한 위대함이나 아름다움이 결여되어 있다. 성공이란 실패가 없는 상태가 아니라 끊임없이 도전하고 재도전하는 과정이다. 자신의 실수와 실패에 좌절하지 않고 오히려 그것을 받아들여 끌어안고 앞으로 더 나아가는 힘. 그것이 바로 그릿이다.
– 김주환(연세대학교 교수, 《회복탄력성》 저자)

잠재력을 최대한 끌어올리고 싶다면 이 책을 반드시 읽어라. – 아그네스 건드(뉴욕현대미술관(MOMA) 회장)

회사와 조직을 어떻게 상승세로 변화시킬지 알고 싶다면 우선 관점을 바꿔야 한다. 《누가 더 끝까지 해내는가》는 그 길을 알려줄 것이다. – 〈포브스〉

자신의 능력보다 더 높은 이상을 성취하고 싶은 모든 이들이 반드시 읽고 깊이 생각해봐야 하는 책. – 톰 모리스(작가)

창의성, 실패와 성공에 관한 훌륭한 책. 혁신과 발견의 가치를 이해하고 싶은 모두에게 추천한다.
– 〈라이브러리 저널〉

많은 책들이 창조성을 하나의 과정으로 설명한다. 그러나 창조성은 과정이 아니라 발굴되기를 기다리는 인간의 환경이다. 저자는 이러한 시각을 절묘하게 풀어낸다. – 아이비 로스(Art.com CMO)

성공과 실패는 종종 정반대라고 생각되곤 하지만, 세라 루이스는 그 패러다임에서 벗어나 새로운 방식으로 세상을 보게 만들었다. – 에드위지 댄티캐트(작가)

세라 루이스는 굴욕적인 실패가 우리의 성공과 숙달을 위해 꼭 필요하다는 것을 흥미롭게 보여준다. – 대런 워커(포드 재단 회장)

도예가 베아트리스 우드는 "내 인생은 실수로 가득하다. 실수가 자갈이 되어 훌륭한 길을 만든다."라고 말했다. 이 책은 이러한 길로 인도하는 지도이자, 가장 아름다운 자갈을 수집한 결과물이 될 것이다. – 레베카 솔닛(작가)

차 례

일러두기
• 국내 출간 도서, 개봉 영화, 전시 등은 한국어판 제목으로 표기했습니다.
• 인명이나 지명이 국내 언론 등을 통해 알려진 경우에는 원어를 병기하지 않았습니다.

끝없이 다시 일어서는 힘

쌀쌀한 봄날 오후, 컬럼비아 대학 여자 양궁 팀이 밴에서 내리는 정경은 사뭇 여유로웠다. 오른손에는 아이스크림, 왼손에는 노란색 화살촉이 달린 화살을 한 움큼 쥔 선수도 있었고, 활시위로부터 몸을 보호하기 위해 셔츠 가슴 부위에 망사 보호대를 한 선수도 보였다. 마치 전사 한 무리가 컬럼비아 대학 운동장을 아무 거리낌 없이 활보하는 느낌이었다.

나는 과녁이 설치되기 전에 도착해 있었다. 양궁은 시속 240킬로미터의 속도로 화살을 날려 70미터 앞에 놓인 과녁을 맞히는 일이므로 사방의 안전에 주의해야 한다. 그래서 양궁 팀은 사람이 있으면 결코 연습을 하지 않는다. 고도의 정확성을 추구하는 이 스포츠는 사람들의 눈 밖에서 이루어지는 셈이다.

나는 입구를 두른 철책 옆에 서 있었다. 한 선수가 녹아내리는 아이스 콘을 던져버리고 밴의 트렁크에서 장비를 풀어 내리고 있는 동료들을 돕기 시작했다. 그들은 말로 대화하기보다는 과녁을 정확히 맞혀야 한다는 생각에 사로잡혀 숫자와 목표 점수, 성적을 주제로 대화하는 것 같았다.

두 선수가 활을 당길 준비를 마쳤다.

"여섯 시 방향 7번 화살."

"두 시 방향 9번 화살."

화살들은 과녁에 정확히 꽂히지 못하고 있었다.

"10번, 높아요."

"10번, 매우 높아요."

모든 궁수는 화살이 날아오르며 그리는 원호(화살이 수평이동하며 떨어지는 경로)를 가늠하며 궤적을 예측한다. 타겟을 겨냥할 때 약간의 오차가 생기거나 풍속을 신중하게 계산하지 않았을 경우 화살은 목표에서 크게 벗어나게 된다. 화살은 이러한 원리를 반영해 제작되는데, 오른손잡이가 과녁의 중심을 맞히려면 살짝 왼쪽을 겨냥해야 한다. 이러한 기술을 구현하려면 과녁과 화살의 궤적을 비롯해 화살에 영향을 미칠 수 있는 다양한 변수에 집중해야 한다.

양궁에는 끊임없는 재창조의 과정이 깃들어 있다. 아홉 발만 명중했어도 백발백중의 사수로 스스로를 평가할 수 있고, 일곱 발만 맞힌 궁사라 해도 다음번에 여덟 번을 맞히지 못할 이유가 없다. 양궁은 즉각적이고도 정확한 피드백을 주는 스포츠 가운데 하나다. 양궁선수는 직전에 비해 자기 실력이 얼마나 늘었는지를 정확히 가늠할 수 있다. 궁수들은 늘 '절반은 명중'으로 묘사되는 상황을 경험한다. 이러한 상황이라면 이번에는 정확히 맞히지 못했으나 다음번에는 거의 맞힐 수 있을 것이라고 예측해도 무방하다.

꼬박 세 시간의 연습을 마친 선수 두 명이 사선 뒤에 드러누워 허공을 바라보았다. 0.5도의 각도, 손가락의 미세한 떨림에 온몸의 감각을 집중시킨 이들은 그제야 긴장을 풀었다. 높은 집중력을 발휘하려면 남달리 독한 끈기를 지녀야 한다.[1] 이들은 극미한 각도 조절로 엄청난 결과의 차이를 만들면서 진정한 궁수로 거듭나는 것이다.

나는 추운 날씨에도 다시는 보지 못할 구경거리가 기다리고 있다는 사실을 직감했기에 자리를 뜨지 않았다. 이른바 '골드 피버(gold fever)', '타깃 패닉(target panic)'으로 불리는 증상을 경험하는 선수들이 아직 훈련 중이었기 때문이다. 골드 피버란 실력이 향상되어 기대한 것보다 훨씬 좋은 성적을 종종 거두다 보니, 차근히 밟아야 할 과정은 안중에 없이 골드를 기대하는 증상을 의미한다. 이러한 단계에 이른 선수들은 극단을 오고 간다. 어느 날에는 가운데에 정확히 명중시키다가도 다음 날에는 주차장을 향해 쏘기도 한다. 이러한 증상이 압박감 때문인지, 행위 불안의 일종인지, 긴장 이상에 해당하는지 등은 명확하지 않다.[2] 그러나 여기에서 완전히 벗어나는 방법은 초심으로 돌아가 새로 동작을 배우고 호흡, 다리 폭, 포지션, 릴리스, 자세 등 핵심적인 요소에 집중하는 것뿐이다.

양궁 팀을 보는 것은 좀처럼 엿보기 힘든 수련 과정을 구경하는 것과도 같다. 수련 과정은 승리자를 가리는 시합이 아니며, 완벽을 추구하는 과정에 해당한다. 양궁 훈련장에서 내가 목격한 완벽의 경지는 화려함과는 거리가 멀었다. 속속들이 깃든 고매함이 엿보이면서도, 영광의 순간은 까마득해보였다. 그들은 자세를 세 시간 가까이 다잡고 바람의 속도를 정확히 계산해 목표물을 맞혀야 한다. 이는 불확실 속의 탁월함을 추구하는 과정이며, 직업정신이 사라진 문화에서는 이러한 집요함을 찾아보기 힘들다.

실제로 양궁 팀의 훈련은 한 사람만이 차지할 수 있는 금메달을 따기위해 하루도 거르지 않고 끝없이 연습하는 과정이었다. 농구, 축구와 같이 영예의 순간을 경험할 가능성이 더 높은 대중적인 스포츠 훈련을 지켜보았다면 이러한 느낌의 강도가 덜했을 것이다. 그토록 많은 시간을 활과 화살에 투자한다는 것은 정말 보기 드물게 진지한 목적의식을 보여주는 극단적인 실례에 해당한다.

완벽에 대한 재정의

내가 자리를 뜰 수 없는 이유는 또 있었다. 화살 하나하나가 과녁을 향해 날아갈 때, 궁수들은 완벽함(열 번 모두 과녁을 맞히는 것)과 숙달 과정(계속이 아닌 한두 번 성공하는 정도로는 아무런 소용이 없다는 것) 사이에서 분투하고 있었다. 여기에는 끝없는 노력이 필요하다. 내 추측이지만, 완벽과 숙달 사이에 자리 잡은 긴장은 타깃 패닉이나 골드 피버를 유발하는 요소의 일부이다.

숙달은 '완벽'으로 가기 위한 필수요소이다. 어떤 이들은 '완벽'이라는 말에 거부감을 갖기도 하지만, 이 완벽을 향한 여정이 없다면 세상에 그 많은 목표는 달성되지 못했을 것이며, 지금 우리 사회의 많은 것들은 여전히 미완성인 채로 남아 있을 것이다. '완벽'은 인내를 요구하며, 결과에 집착하기보다는 굽은 길을 끊임없이 달려가는 과정이다.

이 책은 완벽으로 가기 위한 창조적인 노력에서 우리가 무엇을 얻을 수 있는지를 다룬다. 창조적인 노력의 여건은 쉽게 주어지지 않는다. 탁월한 발견과 인간의 성취는 영혼에서 비롯된 재능을 세상에 펼치는 노력으로부터 시작되며, 경험이 주는 무한한 가르침을 활용하고 장애물을 극복하면서 이룩해나가는 것이다.

종종 창조성, 혁신, 발견을 서로 다른 범주로 분류하고, 최상의 단계에서 소수만이 얻는 자질로 선을 긋기도 한다. 그러나 나는 이러한 통념에 도전하고자 한다. 목표로 나아가는 모든 여정에서 이러한 창조적 과정이 핵심을 맡게 된다면, 고통을 이익으로 바꾸는 능력을 얻을 수 있다.

숙달, 발명, 성취를 관찰하며 우리는 무시되기 쉬운 생각들이 지닌 가치를 발견할 수 있다. 굴복에 깃든 동력, 아까운 실패가 이끌 수 있는 추진력, 놀고 즐기는 일이 혁신이나 성취에 기여하는 역할, 그릿과 창조적 훈련의 중요성이 바로 이러한 가치에 해당한다.

실패를 경험하고, 슬럼프에 빠지고, 완전히 망가지고, 난항을 겪는 등

각종 문제 상황을 일으키는 동인은 각 개인별로 찾아오는 내면적인 속성을 지니며, 겉으로는 보이지 않는 경우도 많다. 유명 극작가 크리스토퍼 프라이는 다음과 같은 말을 우리에게 상기시킨다.

"우리 말고 그 누가 승리와 패배의 차이점을 알 수 있겠는가?"[3]

결국 우리가 실패에 대해 어떻게 이야기하느냐에 따라 그 후 '변형'의 성패가 좌우되는 것이다. 그렇기에 실패로부터 가장 많이 배우게 된다는 말이 상투적인 이야기에 불과하다는 것을 인정하면서도, 다시 살펴볼 수밖에 없는 것이다.

사실 이 책의 주제 한복판에는 '실패'라는 개념이 자리 잡고 있다. 이 단어는 항상 우리의 언저리에서 미끄러져 나간다. 단지 실패 앞에서 평정심을 유지하기 힘들어서가 아니라, 실패를 논하기 시작하면 실패를 경험한 개별적인 사건들을 좋은 경험, 시행착오, 재창조 등 무언가 다른 말로 지칭하기 때문이다. 이 단어는 불완전하며, 우리가 실패를 변화시키려 한다면 실패는 더 이상 실패로 머물지 않는다.

'실패(failure)'는 19세기에 개인의 신용 평가와 관련하여 파산을 의미하는 단어로 통용되었다. 당시 파산은 인간으로서의 존재 가치가 거의 막다른 길에 달한 상황으로 여겨졌다. 아마도 19세기에 쓰였던 이와 유사한 '공백(blankness)'이라는 단어가 지금 우리가 사용하는 '실패'라는 말과 더욱 가까운 의미를 담고 있는지도 모르겠다. '공백'은 성공으로 가는 길에 맞닥뜨리는 갖가지 실패와 이로 인해 우리가 겪는 심적인 공허함, 채우지 못한 도전(연구) 결과, 다시 시작하기 위한 새로운 마음가짐

등 여러 가지를 내포하고 있다. 이는 실패의 과정이 제공하는 것들을 묘사하며, 그러한 경험 이후에 무한한 기회가 찾아올 수 있다는 관념을 동시에 시사한다.[4]

어느 날 갑자기 만들어진 성공은 없다

극작가 테네시 윌리엄스는 명백한 실패가 그를 움직이는 동력이 되었다고 고백하며 이렇게 말했다. "작품이 사람들의 시선을 끌지 못하면 그날 밤 다시 타자기 앞에 앉을 수밖에 없었어. 리뷰가 나가기 전에 뭐라도 해야 했으니까. 다시 일을 손에 잡아야겠다는 생각이 성공했을 때보다 훨씬 절실했던 것 같아." 토머스 에디슨의 일화 또한 유명하다. 에디슨은 백열전구를 발명하는 과정에서 무수한 실패를 경험하면서도 다음과 같이 말했다. "난 실패하지 않았어. 시도해도 소용없는 만 번의 사례를 발견했을 뿐이지."[5]

노벨상을 안겨준 발견에서부터 문학, 무용, 미술의 고전 작품에 이르기까지 대부분의 역사적인 성과물은 무에서 유를 창조하기보다는 화살의 궤적을 보정하고 뒤바꾼 결과라고 평가할 수 있다. 미술사를 포함해 다양한 예술 분야, 그리고 획기적인 발견이나 발명을 주로 연구해온 나는 이러한 성과물을 단순히 그 결과로 평가할 게 아니라, 과정에 주목해야 한다는 것을 깨닫게 되었다. "사소한 것들이 모여서 완벽함을 낳는다"는 미켈란젤로의 말처럼 작은 과정 하나하나가 모여 세상을 뒤흔든 밑바탕이 되었기 때문이다.

어느 날 갑자기 만들어진 성공은 없으며, 실패하는 사람과 대단한 사람이 처음부터 정해져 있는 것도 아니다. 우리가 아는 대가, 앞으로 내가 펼칠 이야기에 등장하는 사람들은 모두 실패를 겪었으며 거기에서 다시 일어나는 힘을 배웠고, 자신의 길을 꾸준히 걸어가는 법을 익혔다. 《누가 더 끝까지 해내는가》에서 나는 이 완벽이라는 끝없는 탐험을 위해 시련을 극복하고 다시 일어선 사람들에게서 공통적으로 발견되는 여덟 가지 행동 비밀을 자세하게 풀어놓았다.

이제 나는 '끝까지 해내는 힘'의 한복판으로 들어가 역사에 길이 남는 혁신가들, 발명가들을 비롯한 이 시대의 인물들과 오늘날 절정의 영향력을 행사하고 있는 사람들의 이야기를 들려주려 한다. 이들의 인생은 어찌 보면 우리와 크게 다를 것이 없어 보이지만, 현저히 다른 점을 분명히 찾아볼 수 있다. 이들에게서 놓칠 수 없는 한 가지 특징을 언급하면, 대부분의 사람들이 피하는 많은 것들을 어디에서도 얻을 수 없는 이익으로 바꾸었다는 점이다.

예술역사가로 수년간 예술가들의 창작 과정을 연구해오면서 나는 이 문제를 두고 인생의 많은 시간을 고민해왔다. 성공을 숭배하는 사회의 정형화된 기대에 미치지 못했다는 이유로 실패자라는 평가를 내린다면 어떨까? 또한 이러한 낙인을 기회로 뒤바꿔 열망과 꿈을 달성하는 사람들의 비결은 무엇일까? 일정한 높이에 다다른 그들은 볼 수 있었지만,

우리는 보지 못하고 놓아버리는 것은 과연 무엇일까?

　우리가 사랑하는 예술가, 기업가, 혁신가들은 어긋났던 방향을 변화시키기 위해 노력했고, 그 과정 속에서 끊임없이 기회를 찾았다. 앞으로 펼쳐질 이들의 이야기 속에서 우리는 '실패'를 대체 불가능한 이득으로 바꿀 창조적 방법과 아직 발굴되지 않은 내면의 가능성을 발견하게 될 것이다.

1장

행동 법칙 1 — 한계 인식

부족함을 깨달을수록 목표는 명확해진다

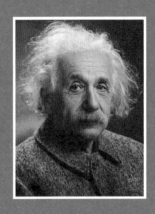

알베르트 아인슈타인은 수학으로 어려움을 겪는 제자에게 이렇게 말했다. "수학에서 애를 먹는 다고 걱정할 필요 없네. 수학을 헤맨 걸로 따지면 내가 자네보다 훨씬 더했다고 장담하니까." 아인슈타인은 능력이 뛰어날수록 한계를 더욱 분명히 인식하고 더 많은 지식을 얻기 위해 노력한 다는 것을 알고 있었다.

"나는 항상 내가 감당할 수 있는 것보다
훨씬 더 큰 꿈을 품게 되기를 희망한다."

– 미켈란젤로

미국 유타 주 보너빌의 솔트 플랫은 선사 시대에 형성되었다. 이곳은 호수 바닥의 일부가 드러난 지역으로, 네바다 주와의 경계를 훑트리며 침잠된 염분이 만들어내는 눈부신 백색을 띠고 있었다. 호주의 에어 호, 칠레의 아타카마 사막, 볼리비아 알티플라노의 우유니 사막에서도 동일한 장관을 목격할 수 있다. 이러한 지역은 해가 갈수록 바닷물의 증발량이 1년 강수량을 앞지르고 있으며, 건조한 바람이 남은 소금 더미를 평평하게 깎아내 이른바 등방성(等方性) 평지가 만들어진다. 실제로 이러한 지역에서는 물체가 모든 방향에서 같은 높이와 같은 크기로 보인다.[1]

솔트 플랫을 지나가다보면 마치 구 위에 서 있는 듯한 느낌이 든다. 걸어가든 차로 가든 마찬가지이다. 눈이 멀 정도로 새하얀 평지를 한 걸음 한 걸음 걸어가면 지금껏 경험하지 못한 새로운 기분을 느낄 수 있다. 마치 걷기의 한계에 도전하는 인내력 테스트를 치르는 것 같다.

솔트 플랫에서는 애당초 자로 잰 듯 걷기가 불가능하다. 겉보기에는 반듯이 걸어가는 듯 보이더라도 돌이켜보면 쉬지 않고 곡선을 그리며 걸었다는 사실을 알게 된다. 하지만 우리는 이를 깨닫지 못하고 끊임없이 자동으로 발걸음을 보정하며, 생각했던 것보다 더 먼 거리를 가게 된다.

나침반의 도움을 받아도 솔트 플랫을 완전히 가로지를 수 없고, 굴곡진 길을 아무리 걸어가도 그 끝자락에 닿기가 힘들다. 이는 참으로 기묘한 경험이다. 마치 산을 오르며 정상에 다다랐는지 확신하지 못해 더 높이 올라가고, 최정상에 올랐다고 생각하는 순간 그것이 끝이 아님을 깨닫게 되는 것처럼 말이다.[2]

미켈란젤로조차 자신이 부족하다고 느꼈다

폴 세잔은 대자연의 정수가 담긴 작품을 그리겠다는 '숭고한 목표'를 이루기 전에 생을 마치게 되면 어쩌나 노심초사했다. 그는 자신의 작품 전부를 미흡하다고 생각했다.[3] 세잔은 스스로를 발자크의 단편 〈미지의 걸작〉에 등장하는 프렌호퍼(Frenhofer)와 동일시했는데, 그는 세잔이 좋아하는 문학 속 주인공으로 여성의 형상을 그려 현실을 재창조하려는 예술적 욕구를 가진 인물이었다.[4] 그러나 프렌호퍼의 이러한 야망은 실패를 맞게 되고, 선과 색상의 의미를 지나치게 탐구했던 탓인지 조사하는 주제에 대한 회의가 찾아왔다. 프랑스의 화가 에밀 베르나르는 세잔을 만났던 기억을 다음과 같이 회상한다. "프렌호퍼와 〈미지의 걸작〉으로 화제가 옮겨가자, 세잔은 책상에서 일어나 내 앞에 서서 검지로 자신의 가슴을 쿡쿡 눌렀다. 그는 이 말없는 동작으로 자신이 바로 이 소설의 주인공이라고 고백하고 있었다. 그는 감정이 북받쳐 눈가에 눈물이 고였다."[5]

세잔은 자신의 자화상 몇 점에 '프렌호퍼'라는 제목을 붙였다. 그는 작품들을 마무리했다는 생각이 들지 않았는지 다시 손볼 요량으로 늘 옆에 놓아두고 있었는데, 그러다 보니 마지막 사인을 기입할 수 없었다. 실제로 그의 작품 가운데 사인이 있는 것은 전체의 10퍼센트 미만으로 알려져 있다.[6] 조각가인 알베르토 자코메티는 세잔을 두고 이렇게 말했다. "정말 안타까운 일이로군. 그림에 더 매진할수록 끝내기가 더 어려워지지. 세잔은 그림을 한 번도 마무리한 적이 없어. 할 수 있는 데까지 해보다가 그만두고 말았지."

이처럼 본인은 흠결로 가득한 미완성 작품이라 생각하는 것이 다른 사람들에게는 진정한 예술이자 걸작, 고전으로 취급되는 사례는 생각 이상으로 많다. 이러한 경우에 완전한 성공이란 애초에 존재하지 않는다. 모든 결과물은 앞으로 나아가는 과정 중에 얻은 것들이며, 다음 결과물을 얻을 때까지 그것은 '미완성' 혹은 '불완전함'으로 남아 있다. 재즈 피아니스트 듀크 엘링턴은 자신의 레퍼토리 가운데 가장 좋아하는 곡이 아직 작곡하지 않은, 다음번에 발표할 곡이라고 말했다. 음파의 끝점을 찾는 것처럼 그의 노력은 끝나지 않았다. 무대의 끝자락에 서야 비로소 발전할 수 있는 것이다.

소설가 윌리엄 포크너는《소리와 분노》출간 이후 부록을 붙여가며 다섯 번씩이나 수정을 거듭했다고 한다. 노벨문학상을 수상한 시인 체슬라브 밀로즈 또한 이러한 과정을 반복했다. 그는 시집을 펴내고 나서 늘 이렇게 말했다.

"항상 당신 스스로를 충분히 내보이지 못했다는 느낌이 무엇인지 아는가. 시집을 완성해 세상에 내놓아도, 다음번에야말로 정말 내 본모습을 보여주겠다는 생각에 휩싸인다. 다음 시집이 나와도, 이러한 기분은 해소되지 않는다."[7]

이처럼 좀 더 나은 것, 더 완전한 것을 원하는 예술가들에게 '완벽을 추구한다'는 것은 대부분 앞으로 나아가는 과정을 뜻한다. 하지만 반대의 경우도 있다. 본인 스스로 작품 완성을 그만두어 "볼로냐 시민들 모두 내가 중간에 포기할 거라고 생각할 거야"라고 이야기했던 미켈란젤로처럼 말이다.[8]

미켈란젤로의 시스티나 성당 천장화는 영원 무구한 존재인 아담이 손

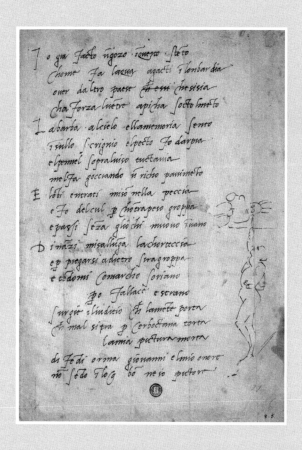

미켈란젤로가 친구인 조반니 다 피스토이아에게 보낸 자필 편지

—

"내 그림은 죽었어. 나를 도와줘 조반니. 내 명예를 지켜줘." 친구에게 자신의 능력을 한탄하는
편지를 보낸 미켈란젤로. 그는 늘 자신의 한계를 인식하고 한발 더 나아가기를 바라며 "주여,
늘 제가 성취할 수 있는 것 이상을 꿈꾸도록 도와주소서" 라고 기도했다.

가락을 뻗어보지만 신의 손에 닿지 못하는 장면을 그리고 있다. 20미터 높이의 아치형 프레스코 천장에 벽화를 그리면서 그는 머리를 거의 등에 닿을 정도로 젖히고, 배를 턱 밑에 욱여넣을 정도로 몸을 굽히는 일을 반복해 갑상선종에 시달릴 뻔했다. 또한 붓에서 떨어진 물감이 얼굴을 덮어 낯이 두 배 가까이 두꺼워졌다. "내 그림은 죽었어. 내 명예를 지켜줘. 이건 내가 할 일이 아니야. 난 화가가 싫어." 그는 친구 조반니에게 소네트 형식으로 쓴 편지에서 이렇게 하소연하며[9], 편지 오른쪽 여백에 일어서서 목을 길게 뽑은 채 악마처럼 보이는 얼굴을 그리고 있는 자신의 모습을 그려놓았다. 미켈란젤로가 벽화를 마무리하고 시스티나 성당 아치 천장에 〈노아의 홍수〉를 그릴 무렵, 플라스터(석고, 회반죽, 흙 따위와 같이 물로 개어서 바르는 데 쓰는 재료) 반죽과 석회에 곰팡이가 덮여 그림이 지저분한 장난처럼 변해버렸다. 미켈란젤로는 교황 율리우스 2세에게 다음과 같은 편지를 보내 화가를 다른 사람으로 교체해달라고 청원했다. "교황 성하께 감히 말씀드립니다. 이 벽화를 제 작품으로 내놓기가 부끄럽습니다. 완전히 망쳐버렸습니다."[10]

그는 벽화를 마무리하지 않고 포기했다. 미켈란젤로는 고의적으로 작품을 미완성으로 남기는 일이 하도 많아서 '미완성(non finito)'이 하나의 양식으로 자리 잡을 정도였다. 하지만 이를 불완전한 작품으로 인식한 이는 많지 않았다. 오히려 미켈란젤로가 보여준 미완성의 미학은 겸손과 성취에 대한 비유로 자리 잡았다.

이처럼 미완성의 상태 또한 하나의 장르를 형성할 수 있다. 작품에 따라서 제삼자의 눈에는 완벽해 보이나, 정해진 시한 직전에 중단해 제작자의 성에 차지 않는 경우가 있다. 또한 완전히 실패해 제작자가 중도에 포기하는 작품도 있다. 불완전하게 마무리되더라도 제작자가 더 나은 예술가로 성장할 수 있는 기회를 선사하는 경우도 있다. 일부 작품은 예술가의 죽음으로 완성이 중단되며, 제삼자에 의해 마무리되기도 한다.

프란츠 카프카는 죽기 직전에 '마지막 소원'이 담긴 편지를 프라하의 작업실 책상 위에 놓아두었다. "내 일기, 원고, 편지(내가 쓴 편지뿐 아니라 다른 사람들이 내게 쓴 편지도 마찬가지네), 스케치 등등……. 뭐가 되었든 내가 남긴 모든 글들을 읽지 않은 채로 태워주길 바라네."[11] 그는 20년을 친구로 지낸 막스 브로트에게 이와 같은 유언을 남겼고, 세상을 떠나기 3년 전부터 이러한 의중을 내비쳤다. 하지만 브로트는 친구의 유언을 따르지 않고 모든 원고를 출판했다. 지금 읽을 수 있는 《아메리카》, 《심판》,《성》등 카프카의 모든 소설은 브로트가 카프카의 뜻을 거스르고 세상에 공개한 작품들이다. 카프카가 생전에 출판한 책은 다 해봐야 450쪽을 넘지 못한다. 그러나 〈뉴욕 타임스〉가 밝힌 바에 의하면 "최근 자료로 계산해보면 카프카는 지난 14년간 열흘에 한 번꼴로 신간을 발표한 셈"이라고 한다.[12]

이처럼 미완성 작품과 같은 조각난 자료를 바탕으로 전체를 채우는 작업은 시각 원리 속에서도 찾아볼 수 있다. 이러한 기술은 흩어진 정보를 바탕으로 완성된 이미지를 구축하는 두뇌 능력에서 비롯된다. 오랜 세월

보지 못한 사물이라도 두뇌 깊은 곳에 일부를 저장해두었다가 총합하는 원리에 해당하는 것이다. 신경과학자 세미르 제키(Semir Zeki)는 미완의 작품은 "보는 사람의 시각에 파문을 일으켜, 내가 완성할 수 있다는 심리를 자극한다"라고 말한다.[13] 예술가 로메어 비어든(Romare Bearden)은 이처럼 파편화된 정보를 쳐다보는 것을 예술가에 대한 정의와 연관 지었다. "예술가는 예술을 사랑하며, 그가 바라보는 모든 예술 속에서 놓친 것을 발견한다. 자신이 놓쳤다고 생각하는 것을 알게 되는 순간부터 예술은 인생의 한복판에 자리 잡는다."[14]

목적의식을 갖고 할 일이 있을 때 성과를 이룬다는 점을 부인할 수 없다. 의도적으로 완성하지 않는 행위는 인류 창조의 신화에서 핵심을 차지한 지 오래다. 나바호 인디언 수공 기술자들은 천이나 그릇에 '정신의 선'이라 불리는 흠을 일부러 남겨 완성도를 떨어뜨린다. 흠이 있으면 이보다 나은 결과물을 만들기 위해 작업을 계속할 동기가 생기기 때문이다. 500년에 가까운 세월 내내 나바호 인디언들은 깔개를 만들면서 엉뚱한 색상의 실 한 가닥을 문양의 안쪽에서부터 문양의 바깥 경계를 넘어서까지 박아 넣었다. 이들의 바구니와 도자기에서도 '마음의 선'이나 '정신의 휴식'이라 불리는 비슷한 선을 종종 찾아볼 수 있다. 이와 같은 미완성의 문양은 제작자의 정신이 타성에 젖어 부자연스러운 마무리로 귀결되지 않도록 해준다.

완벽의 과정은 미완성이라는 개념과 불가피하게 이어진다. 왜냐하면 우리가 더 능수능란해질수록 우리 앞에 놓인 길 또한 더욱 평탄해지고,

시선 앞에서 어른거리는 산 또한 더욱 또렷이 보이게 되기 때문이다. 작가 조던 엘그러블리(Jordan Elgrably)는 소설가 제임스 볼드윈에게 다음과 같은 질문을 던졌다. "지식이 쌓이면서 늘어가는 바는 무엇이라고 생각합니까?" 제임스 볼드윈은 이렇게 대답했다. "내가 얼마나 아는 게 없는지를 배워가는 거죠."[15]

이러한 현상을 기술적 용어로 더닝 크루거 효과라 일컫는다. 이는 우리의 능력이 뛰어날수록 능력의 한계를 더욱 분명히 인식하게 된다는 것을 의미한다. 거꾸로 생각하면 무지한 자는 자신이 얼마나 부족한지 알 수 있을 만한 지식을 갖추지 못한 것이다. 죽기 전의 알베르트 아인슈타인은 단 한마디로 이러한 효과를 설명했다.[16] "수학에서 애를 먹는다고 걱정할 필요 없네. 수학을 헤맨 걸로 따지면 내가 자네보다 훨씬 더했다고 장담하니까."[17]

아슬아슬한 실패만큼 강력한 동기는 없다

올라가고 싶어도 더 이상 올라갈 곳이 없어 보이는 단계에서 우리는 스스로를 뛰어넘는 길을 발견하게 된다. 성공이 곧 동기가 되는 것이다. 아슬아슬한 실패는 굽은 앞길을 자동으로 수정해주며 목표를 포기하지 않도록 부추긴다. 무언가를 목표로 하거나 무언가에 매진할 때, 완벽을 목표로 삼는 상황에서 아슬아슬한 성과에 따라 결과가 좌우될 때 이러한

고대 그리스인들은 왜 올림픽을 만들었는가

—

그리스의 고대 올림픽은 종교적 행사이기도 했다. 로마 황제의 칙령에 따라 폐지되기 전까지 1천 년간 지속되었다. 올림픽의 힘은 경쟁에서 이기는 기쁨이 아니라, 목표를 향해 더 나아갈 수 있다는 믿음에 있었다.

경험을 하게 된다.

올림픽 경기는 이러한 과정이 전부 공개되는 몇 안 되는 스포츠에 속한다. 20세기 전반에는 육상 선수뿐 아니라 등산가와 예술가들도 올림픽에 출전했다. 1912년과 1952년 사이에는 건축, 문학, 음악, 회화, 조각에 정통한 예술가들이 세계적인 수준의 육상 선수들과 함께 스톡홀름, 앤트워프, 파리, 암스테르담, 로스앤젤레스, 베를린, 런던 올림픽에 참가했다. 그 시절 이 분야에 출전한 참가자 및 심판 가운데 이고르 스트라빈스키와 요세프 수크 같은 유명한 예술가도 몇몇 포함되어 있었다.[18]

올림픽 초기에 정립된 경쟁 이념은 아마추어가 대상이었음에도 불구하고, 당시 예술가들이 프로가 아닌 아마추어의 입장에서 작품을 판매했을 것 같지는 않다. 또한 예술가들은 등산가의 경쟁과 마찬가지로 세계인의 경쟁 무대에서 오직 두 사람만이 짧은 승부로 승자를 가리는 경쟁 방식을 택했다. 예술가와 육상 선수가 나란히 서 있는 모습을 상상하면 이상해 보일지 몰라도, 이들이 매진하는 두 분야에는 모두 정신, 의지, 신념, 집중력과 같은 내면의 힘이 성적을 좌우하는 고도의 경지가 존재한다는 공통점이 있다. 경쟁을 넘어 숙달을 추구하는 모든 사람들은 내면의 경기장에서 분투하는 셈이다.

코넬 대학교의 심리학 교수, 토마스 길로비치(Thomas Gilovich)는 1992년 바르셀로나 올림픽에서 은메달 수상자와 동메달 수상자가 보인 반응에 주목했다. 그의 연구팀은 얼굴과 말에서 드러나는 반응, 경기 후 인터뷰에서 드러나는 차이점, 시상식장에 올라가 있는 자세를 최대한 분석한 결과 은메달 수상자들이 동메달 수상자에 비해 더욱 좌절하고, 다음 경기에 집착하며, 승리의 기쁨을 누리지 못한다는 사실을 밝혀냈다. 은메달 수상자들은 아슬아슬한 패배를 겪고 이른바 '조금만 잘했다면(if only)'으로 표현되는 아쉬움에 사로잡혀 있었다.[19] 동메달 수상자들은 시상대에 오른 세 사람 가운데 꼴찌임에도 시상대에 올랐다는 것에 만족감을 표시하며 4위로 떨어지지 않고 메달을 땄다는 사실 자체에 감사하고 있었다.[20]

이처럼 논리로 설명되지 않는 생각의 차이는 '이랬다면 어땠을까'라는 말로 요약되는 사후 가정 사고(counterfactual thinking) 탓이다. 심리학자 대니얼 카너먼과 세상을 떠난 아모스 트베르스키는 비행기를 5분 전에 놓쳤을 때와 30분 전에 놓쳤을 때 좌절의 정도를 상상하는 생각 실험을 통해 이러한 사실을 발견할 수 있었다. 아슬아슬하게 늦은 여행자라면 자신이 어떻게 했어야 비행기 시간 안에 도착할 수 있었을지 더욱 쉽게 상상해볼 수 있다. '차를 조금만 더 빨리 몰았으면 좋았을걸', '집에서 나오기 전에 열쇠를 더 쉽게 찾을 수는 없었을까' 같은 생각을 품기가 쉬운 것이다. 하지만 30분이나 늦은 사람이 제시간에 도착할 수 있었다고 생각하기란 더욱 어렵다. 이를 통해 미래의 행동은 좌절이 클수록 쉽게 변한다는 것을 알 수 있다.[21]

아슬아슬한 패배의 충격이 쉽게 사라지지 않는다는 점을 잘 활용한 예가 있다. 슬롯머신과 즉석복권은 숫자 하나가 빗나가 당첨되지 못하는 경우의 수를 정상 수치에 비해 높게 설정하는 경우가 많다. 아깝게 당첨이 되지 않은 경우 계속 도전하고 싶은 생각이 솟아나기 때문이다.

아슬아슬하게 당첨되지 못하는 경우를 가리켜 '심장 정지기'라 부르기도 한다. 1970년대, 영국의 왕립도박위원회가 당첨이 아깝게 빗나간 즉석복권을 '남용'으로 간주해 분류한 이유는 이러한 복권이 끊임없는 재도전을 유발했기 때문이다.[22] 슬롯머신과 게임에서는 주사위를 던지거나 레버를 당길 때마다 이길 수 있는 가능성이 존재하지만, 아슬아슬하게 빗나간 즉석복권은 여기에 더해 당첨이 당장 눈앞에 다가왔을지도 모른다는 환상을 준다.

운이 아닌 연습이 결과를 좌우하는 스포츠에서도 이렇게 생각하는 선수들의 예를 흔히 찾아볼 수 있다. 특히 아슬아슬하게 금메달과 은메달을 놓친 동메달 수상자들의 이야기에서 말이다. 미국 육상 대표였던 재키 조이너커시(Jackie Joyner-Kersee)의 실화를 살펴보자. 1984년 올림픽에 출전한 그녀는 7종 경기의 800미터 달리기 구간에서 1등에 비해 0.33초 늦게 들어와 금메달을 놓쳤다. 그녀의 코치와 남편은 이러한 경험이 그녀가 1988년 올림픽에 끈질기게 도전할 계기가 될 것이라고 예상했다. 1988년 올림픽에서 그녀는 7,291점이라는 전무후무한 세계 신기록을 세웠고, 이 기록은 아직까지도 깨지지 않고 있다.

그녀는 1991년 도쿄에서 열린 예선전에 참가했으나 부상으로 탈락했다. 하지만 남편은 이러한 경험이 다시 그녀에게 금메달을 안겨줄 것이라고 믿으며 말했다. "아내는 할 수 있을 겁니다." 그가 이렇게 믿었던 이유는 따로 있다. 새로운 훈련법을 시도했기 때문이 아니라 "도쿄에서의 망령이 그녀를 괴롭혔기" 때문이었다. 그녀는 1992년에 멀리뛰기에서 동메달을 수상했다. 당시 모든 종목에서 세계 최고의 선수로 알려진 그녀였지만, 역시나 이러한 결과에 대해 전혀 좌절하는 기색을 보이지 않았다. 그녀가 싸웠던 상대는 부상이었고, 그녀의 동메달은 용기를 상징했다.[23]

높은 성과를 올리는 사람들은 불완전함에 과감히 도전하기 위해 일부러 지나치게 평평한 땅에 흙을 쌓아 산을 만들기도 한다. 뉴욕 시 링컨센터 인근의 프로페셔널 칠드런 스쿨(PCS, the Professional Children's School) 교장인 제임스 도슨(James Dodgson)은 이 주제에 대해 매우 독특한 시각을 갖고 있다. 유능한 예술인을 길러내는 이 학교의 수업은 일반 공립학교나 사립학교와 다를 바 없다. 단, 프로로 활동하면서도 아직 나이가 어린 엘리트 학생들의 사정에 따라 학사를 유연하게 운영한다. 이 학교는 뉴욕 시 발레단 무용수의 40퍼센트 이상을 배출했으며, 200명에 이르는 재학생 중 일부는 브로드웨이 안팎에서 활동하고 있다. 첼리스트 요요마, 배우 사라 제시카 파커, 우마 서먼 등이 이 학교 졸업생이다.

나는 콜럼버스 서클 인근 식당에서 도슨과 함께 아침을 먹었다. 도슨은 주문한 팬케이크를 남김없이 먹어치우며 학생들이 얼마나 자기 평가에 엄격한지 말해주었다. 그는 한 러시아 피아니스트가 콘서트에서 4악장 세 번째 소절을 빠뜨렸던 이야기를 들려주었다. 그 피아니스트는 도슨에게 자신의 실수를 눈치챘느냐고 물어보았다. 전혀 눈치채지 못한 도슨은 진지한 표정으로 "아니, 전혀 몰랐는데"라고 대답했다.[24] 그는 한 바이올리니스트가 중요한 경연에서 2등을 한 다음 작은 실수 탓에 모차르트를 완전히 모욕한 느낌이라고 말했던 일을 떠올렸다. 그 학생은 자괴감에 빠져 한동안 연습을 중단했다. 그러나 얼마 후 홀에서 도슨을 만나 귓속말로 바이올린을 다시 손에 잡았다고 고백했다. "내 일 가운데 절반은 학생들이 문을 닫고 다시 방에 들어가도록 도와주는 것이에요." 도슨은 자신이 이들에게 안전한 공간을 제공해준다고 말했다. 안전한 공간을 제공받는 젊은 연주자들은 분투하는 내면을 가장 편안하게 느낀다.

상대방을 도발하는 유머 역시 아슬아슬한 실패에 추진력을 불어넣을 수 있다. 독일 영화감독 베르너 헤어초크는 자신의 친구이자 동료 영화감독인 에롤 모리스(Errol Morris)를 도발했다. "네가 〈천국의 문〉을 완성하면, 내가 신발을 먹겠다고 약속하지." 그는 모리스가 영화를 완성할 수 있을 것이라고 생각지 않았으나 모리스는 보란 듯이 영화를 멋지게 완성했고, 헤어초크는 약속대로 신발 한 짝을 삶아 먹었다. 레스토랑을 운영하는 앨리스 워터스(Alice Waters) 셰프가 양념, 마늘, 스톡, 허브를 뿌려 신발을 요리해주었다. 모리스의 〈천국의 문〉은 버클리 캠퍼스 극장에서 시사회를 열었는데, 시사회장에 나타난 헤어초크는 사람들이 보는 앞에서 검은색 테두리의 흰색 접시에 놓인 날카로운 가위와 나이프를 이용해 신발을 잘라 먹었다. 그는 차마 신발 코까지는 먹지 못해 남은 닭뼈를 버리듯 옆으로 치웠고, 신발을 우적우적 씹으면서도 영화의 의의에 대해 말하는 것을 잊지 않았다.

미국의 부통령을 지낸 앨 고어는 나에게 쓰라리고도 아슬아슬한 패배의 경험을 말해주었다. 당시 미국 대선은 개표로 승패를 가릴 수가 없었고, 고어는 대법원까지 간 끝에 패배를 선고받았다. 나는 고어에게 그러한 경험이 스스로를 재창조하고, 그때껏 살아온 원칙을 담금질하는 계기가 되었는지 질문하면서 윈스턴 처칠이 종종 언급했던 "성공이란 열정을 잃지 않고 실패를 거듭할 수 있는 능력이다"라는 명언을 동시에 전했다. 그는 껄껄 웃으며 고개를 끄덕였다. 고어 역시 그 명언을 알고 있었다. 그는 잠시 생각에 잠긴 다음, 처칠이 훗날 고백한 이야기를 나에게 들려주었다. 나중에 처칠은 그 격언이 진리를 말하고 있는 것은 사실이나, 성공은 항상 완벽한 가면을 쓰고 나타나기에 사람들은 진정한 성공을 알아챌 수 없다고 말했다.[25]

우리는 공간에서의 거리와 마찬가지로 시간 거리를 생각한다. 화려한 내일을 그려보면 확실하고 뚜렷하게 느껴지나 50년 이후의 화려한 나날을 그려보면 이보다 흐릿하게 느껴질 것이다.[26] 아슬아슬한 실패는 이와 같은 시각을 바꿔준다. 멀리 있다고 생각하기 쉬운 미래의 목표를 더욱 가까운 사건으로 바꿔, 눈에는 보이지만 손에는 닿지 않는 것을 얻을 수 있도록 도와준다. 아슬아슬한 실패가 항상 승리라는 결말로 귀결되는 것은 아니지만, 우리 자신을 극복하는 데 도움을 줄 수 있다.

여기까지 와서 포기할 수 없다는 심리

줄리 모스(Julie Moss)라는 여성이 이룬 성공은 철인 경기에서는 유명한 일화가 되었다. 그녀는 대학에서 체육학을 전공하는 스물세 살의 여학생이었는데, 졸업 논문을 준비하면서 자신을 실험대상으로 삼아 자료를 수집할 생각으로 하와이 코나에서 열린 철인 3종 경기에 참가했다. 그녀는 마지막 순간까지 훈련을 미루다가 경기 2개월 전부터 연습을 시작했다. 코치도 없이 오직 〈스포츠 일러스트레이티드〉에 실린 글 하나에 의지해 경기를 준비하면서 그녀는 지금껏 해왔던 일과 완전히 다른 경험을 하게 된다. 그녀는 그 당시를 떠올리며 "불가능을 상상할 수 있는 자유, 정해진 계획 없이 임기응변으로 대처할 자유를 얻었죠"라고 말했다.[27]

3.9킬로미터의 거친 수영과 180.2킬로미터의 자전거 경주, 42.195킬로미터의 마라톤으로 이어진 경기가 진행 중이었다. 마라톤 코스 40킬로미터를 지날 무렵 승리가 눈앞에 다가온 듯했다. 그녀는 2위보다 6분을 앞서고 있었다. 2위 선수를 뒤로 하고 모스는 우승까지 0.8킬로미터만 남겨놓은 상황이었다. 그러나 이 순간 다리에 쥐가 나면서 달리는 모양새가 이상하리만치 어색하게 변했다. 결승선을 얼마 남겨두지 않고, 그녀의 다리는 완전히 풀려버렸다. 결승선 앞에서 어색한 몸놀림으로 무너진 그녀의 모습을 본 사람들은 더 이상 가망이 없겠다고 생각했다.

카메라에 잡힌 그녀의 모습은 극적인 장면을 기다리는 관중들의 기대와 시선 속에서 아스라이 사라져가는 중이었다. 그녀는 일어나 걸어보려

했으나, 해파리처럼 몸을 가누지 못하고 땅 위에 맥없이 무너졌다.

모스가 쓰러지지 않으려 안간힘을 쓰는 순간, 뒤처져 있던 캐슬린 매카트니(Kathleen McCartney)의 운동화가 그녀 앞으로 지나갔다. 모스는 2위로 처지는 순간 이렇게 생각했다. '올 것이 왔구나. 여기에서 포기할까.' 후에 모스는 많은 사람들에게 당시의 심정을 털어놓았다. "그런데 갑자기 누군가 옆에서 이렇게 말하는 것 같더군요." 그녀는 아주 힘차게 다음과 같은 목소리가 들렸다고 회상했다. "일어나!"[28]

"난 생각했어요. '일어나지는 못하겠어. 더 이상 힘이 남아 있지 않아. 그렇지만 기어갈 수는 있을 것 같아.' 새로이 발견한 경쟁심이 분출한 것인지, 선두라는 지위를 양보하고 싶지 않아서였는지는 모르겠어요. 그렇지만 여기까지 와서 포기하고 싶지 않았던 것만은 분명해요."[29] 그녀는 바닥에 엎드린 채 두 팔에 몸을 의지하고 다리 한쪽을 질질 끌며 비틀비틀 앞으로 나아갔다.

그녀는 마치 삼각대가 움직이듯 두 팔과 한쪽 다리를 이용해 마지막 9미터를 기어갔고, 몸을 가누지 못할 지경까지 스스로를 몰아갔다. "실은 전 국민이 보는 데서 바지에 큰 실수를 했어요." 번연나무로 가득 찬 하와이 라바 운동장을 웅크리고 기어가 결승선을 통과하는 순간 벌어졌던 일이다. "내 마음속 눈으로 볼 때는 느리게 가고 있지 않았어요. 나중에 녹화 테이프를 보니 얼마나 거북이걸음이었는지 적나라하게 알 수 있더군요." 그녀는 다른 자리에서 이렇게 소회를 밝혔다.[30] 아무리 달리려고 해도 몸이 말을 듣지 않아 몇 번이고 쓰러졌다. 다른 사람들이 그녀를 부축하려 들었지만, 그들을 물리쳤다. 실격당하고 싶지 않았기 때문이다. 심지어 화환을 씌워주려는 어머니마저 뿌리치려 했다. 오직 그녀가 할 수 있는 일은 고통스럽게 기어가는 것뿐이었다.

NBC 방송의 스포츠 캐스터 짐 멕케이(Jim McKay)는 이 장면을 지켜본 많은 사람들을 향해 "자신이 보았던 스포츠 명장면 가운데 가장 인상적인 순간"이었다고 말했다. 이후 3년간 철인 3종 경기에 도전하는 인구는 두 배로 늘어났다.[31]

그녀는 당시에 겪은 고통의 순간을 이렇게 회상한다. "내 인생이 달라지고 있었어요. 인생의 변화를 느꼈죠. 나 자신과의 거래였어요. 거래는 난항에 빠졌지만, 아무리 상처받고, 아무리 엉망이고, 다른 사람 눈에 어떻게 보이더라도 오직 끝을 보겠다는 생각밖에 없었어요. 오직 경기를 끝마치겠다는 생각뿐이었죠."

그녀는 마지막 9미터를 남기고 1위를 차지한 매카트니보다 29초 늦게 결승선에 도착했다. 29초 차이는 철인 3종 경기 역사상 가장 간발의 차이로 기록되고 있다.[32] 모스 역시 우승에 대한 미련에도 불구하고 아슬아슬한 2위가 그녀의 인생을 영원히 바꿔놓았다고 생각한다. "내 인생에 가장 중요한 순간이었어요. 지금껏 한 번도 들어보지 못했던 목소리가 들렸죠. '계속 앞으로 나아가라.'" 그녀는 눈앞에 버티고 있는 산 덕분에 기운이 충만했던 경험을 회상하고 있었다.

미국의 작가 레베카 솔닛은 "우리는 스스로의 모습을 상상하면서 걸어가는 모습을 떠올리기 마련이다"라고 말한다. "'그녀가 대지 위를 걸어갔을 때'라는 표현을 통해 한 여성의 존재를 묘사할 수 있으며, '인생에서의 발걸음'이라는 표현을 통해 그녀의 직업을 이야기할 수 있고, '걸어다니는 사전'이라는 표현으로 전문가를 비유할 수 있으며, '그는 신과 함께 걸어갔다'라는 구약 성경의 표현을 통해 신의 은총을 설명할 수 있다."[33] 이처럼 끊임없이 걷는다는 것은 움직이는 방식에 대한 설명에 그치지 않으며, 인간이 삶을 살아가는 방식을 대변한다.

건조한 진흙 들판에서 앞으로 걸어가는 것은 사우다지(saudade)를 실천하는 일이다. 사우다지란 포르투갈어로 '결코 이루어지지 못할 것 같은 일을 끊임없이 희구한다'는 의미를 지닌다. 이는 재즈 아티스트 윈튼 마살리스의 좌우명과도 일치한다. 그는 자신의 음악적 기교, 그에게 영감을 불어넣었던 거장들의 기교에 자만하지 않고 다음과 같은 신념을 유지했다.

"우리가 할 수 있는 전부는 대양에 몸을 던지고, 헤엄을 치고, 먹을 물고기를 찾고, 찾은 물고기를 잡는 일이다. 이 가운데 어느 한 단계라도 건너뛰기란 불가능하다. 이 과정은 우리가 태어나기 오래전부터 작동하고 있던 것이다. 우리가 할 수 있는 전부는 여기에 애정을 갖고 몸담는 일이다. 애정을 갖지 못한다면, 대양밖에서 헤매게 될 것이기 때문이다."[34]

사막에서 똑바로 걷기가 불가능하다면

—

2003년 미국 유타주 소금 사막 '솔트 플랫'에서 벌어진 예술가들의 '랜드 아트'. "똑바른 길은 불가능하다"라는 제목의 이 프로젝트는 인간의 행동 방식에 대한 은유이다. 인간은 애당초 자로잰 듯 걷기가 불가능하다. 그럼에도 불구하고 계속 걷기만 한다면, 무엇인가를 향해 다가갈 수있고, 도착할 수 있다.

포기를 모르는 화가, 마크 브래드포드(Mark Bradford)는 걸작의 소재를 찾아다니는 여정을 다음과 같이 설명했다. "정작 필요한 건 여기에서 찾을 수 없어요. 그래서 우주를 무대로 나 자신을 내보내는 거죠. 나는 딱 맞는 종이를 찾아 걷기 시작해요."[35] 이처럼 우리가 바라면서도 갖지 못하는 것들이 우리가 밟아야 할 행보를 만들어준다. 달인들이 전문가로 인정받는 이유는 일정 분야의 종점에 다다라서가 아니다. 이러한 종점은 관념상의 종점일 뿐이며, 오히려 그러한 종점이 존재하지 않는다는 사실을 알기 때문에 달인이 될 수 있는 것이다. 매끈한 평지라면, 목표에서부터 달성에까지 이르는 길은 영원한 미래 속에 놓여 있다.

미켈란젤로는 포기하지 않고 산에 올라가 피에트라 비바(pietra viva), 이른바 '살아 있는 바위'를 구하기 위해 황량한 백색 대리석 채석장을 찾아 헤맸다. 산맥에 붙은 대리석 속에는 여전히 습기가 가득했고, 최근에 채석되어 수액이 남아 있는 대리석도 넘쳐났기 때문에 '고대인들을 구현할' 조각품을 만들기에 가장 적합했다.[36] 15세기 이탈리아에서 작품을 만들 재료를 찾기 위해 몸소 노력했던 예술가는 그가 유일한 것으로 알려져 있다. 그는 자신을 도와줄 사람 한 명을 고용했으나, 여전히 한곳에서 8개월이나 머물며 몸소 재료를 찾았다. 한 해의 대부분을 재료를 찾는 데 매진한 것이다.[37]

아푸안 알프스의 카라라(Carrara)에서, 그는 대양을 바라보며 거대한 산 가운데 하나를 커다란 석상으로 조각해보자는 영감이 떠올랐다. 그가 구상한 작품은 해안에 접근하는 모든 선원들이 볼 수 있을 정도로 거대했다. 그는 산에서 가져온 대리석에 매료되었고, 원래 돌 안에 깃든 형상을 어떻게 바깥으로 끄집어낼까 하는 생각에 잠겨 있었다. 이러한 꿈같은 비전은 모종의 생산적인 몽상을 유발했다. 이탈리아의 조각가 콘디비가 미켈란젤로의 전기를 집필할 때, 미켈란젤로는 이 생생한 미완성작의 이야기를 꼭 책 속에 넣어달라고 부탁했다고 한다.[38] 미켈란젤로는 뇌리에서 떠나지 않는 생각을 두고 "말하자면 광기가 나를 사로잡은 거야. 내가 지금까지 살아온 시간보다 네 배는 살아야 이 작업을 시도할 수 있을 텐데"라고 표현했다.[39] 실제로 그는 50년이라는 시간을 이 작품에 매진했다.

미켈란젤로에게 예술이란 '끊임없는 경쟁의 연속'이었다. 그의 성취는 아직 끝마치지 못한 일이 무엇인지 집중하는 데서 비롯되었다. 그는 항상 앞길을 막은 산에서 시선을 놓지 않았다. 이는 아쉬움이 남는 탐구의 여정을 끊임없이 밟고 있는 것과 마찬가지이다.

우리는 이러한 미완성의 발상을 바탕으로 형성되는 존재이다. 라틴아메리카를 대표하는 작가 에두아르도 갈레아노는 이렇게 말했다.

"유토피아는 지평선 위에 걸쳐 있다. 내가 두 걸음 걸어가면 두 걸음 물러나고…… 내가 열 걸음 걸어가면 열 걸음 밖으로 멀어져간다. 유토피아는 왜 존재하는 것일까? 바로 우리를 걷게 만들기 위해서이다."[40]

인간은 이상향이 집약된 유토피아를 창조해 그 속에 꿈꾸고 원하는 모든 것을 담아놓았다. 그리고 완벽한 존재인 유토피아에 가까이 다가가기까지, 우리는 여전히 많은 미완성 과제를 갖고 있다. 완성이 목표인 것은 물론이나, 완성을 이룬 것으로 끝나기를 바라서는 곤란하다.

2장

행동 법칙 2 — 자신과의 경쟁

꿈과 현실 사이를 어떻게 좁힐 수 있을까

독특한 아이디어와 기교로 유명한 세계적 안무가 폴 테일러. 그는 늘 들이파고, 붙잡고, 씨름해
야 무엇인가에 겨우 다다를 수 있었다고 말한다. "핵심적인 발상은 우리들 안에 있는 기존의 틀
속에 자리 잡은 그림이나 무용을 지워버리고 다음 단계로 나아가는 것이다."

"창조성이란 실수를 용인하는 미덕이며,
예술이란 간직해야 할 실수를 구분하는 지혜다."

– 스콧 애덤스

　"뜨거운 물은 차가운 물을 덥혀야 얻을 수 있다." 세계적인 안무가 폴 테일러와 화가인 로버트 라우센버그는 극단적인 인생을 걸어가는 와중에 서로 이런 말을 나누었다고 한다.[1] 두 사람은 완전히 쪽박을 찼으면서도 미래를 낙관하며 재능을 연마해 전설적인 존재로 부상했다.

　이들은 예술을 위한 예술가가 되기보다는 일상의 가치를 살리는 예술가가 되기를 원했다. 라우센버그는 "실생활에서 나온 그림이 실제로 세상과 더욱 가깝다"는 신념을 갖고 쓰레기로 간주되는 낡은 재료를 활용해 새로운 작품을 만들었다. 폴 테일러는 일상에 대한 경의를 표하기 위해 기존의 춤을 과감히 포기하고 새로운 형태의 춤을 시도했다. 그는 누군가가 바구니에서 꺼낸 물체를 모든 사람이 얻는 유형의 독단적이고 같은 패턴의 공연에 신물이 날 지경이었다.

테일러는 일상의 움직임과 평범한 자세로부터 춤을 만들고 싶었다. 당시 사람들은 이러한 동작을 춤으로 받아들이기 어려웠다. 그는 부지런히 거리에서 보이는 사람들의 행위를 수집했다. 약속을 기다리고, 버스를 잡으려 뛰어갔다가 이내 천천히 걸어가고, 차 안에 앉고, 서성거리는 동작 등을 놓치지 않으려 했다.[2] 평범한 사람들의 움직임이 그가 '발견'한 대상이었다.[3] 그는 이러한 행위를 다섯 가지 유형으로 분류한 다음, 다시 이를 가장 핵심적인 인체 부위를 중심으로 세분하여 새로운 무도로 형상화해 〈일곱 개의 새로운 무도〉를 만들었다.[4]

1957년 10월의 어느 밤, 드디어 〈일곱 개의 새로운 무도〉가 처음 공개되었다. 테일러의 기억에 따르면 자리에 앉아 있던 관객들은 공연이 시작된 지 5분 만에 예의 바르지만 단호한 발걸음으로 자리를 빠져나갔다. 처음에 그는 청중들 가운데 일부가 깜빡 잊었던 약속을 떠올린 것이라 생각했다. 그러나 관객들 대다수가 자리에서 일어나 무리지어 통로 쪽으로 나아가는 광경을 지켜보면서 이내 자신의 생각이 틀렸음을 깨달았다. 청중들 가운데 절반 이상이 홍수가 몰아치듯 자리를 떴던 것이다.

테일러는 이 순간을 떠올리며 다음과 같이 묘사했다. "내면은 무너지는 중이었고, 바깥으로는 목에 생긴 틱이 긴장감을 드러내고 있었다."[5] 늘 찬사와 호평으로 가득했던 그의 인생에도 실패를 온몸으로 받아들여야 하는 때가 반드시 온다는 것을 깨닫게 된 순간이었다.

야망과 능력 사이의 거리를 느낄 때

폴 테일러는 '현존하는 세계 최고의 안무가'에게 수여하는 작위를 차지했으며, 135건이 넘는 레퍼토리를 가지고 미국 현대무용의 중심에서 엄청난 영향력을 행사하고 있다. 그는 프랑스 정부로부터 기사 작위를 수여받고 '폴 경'이라는 새로운 별명을 얻게 되었다. 뿐만 아니라 무수히 많은 명예 학위를 수여받은 이후에는 '장인 테일러', 맥아터 펠로우(MacArthur Fellow) 프로그램의 '천재 보조금'을 수여받은 이후에는 '미스터 스마트'라는 별명이 생겼다.[6]

하지만 그의 데뷔작인 〈일곱 개의 새로운 무도〉는 흥행의 관점에서는 수치스러울 정도로 실패한 공연이었다. 무도계 인사가 아닌 사람들 가운데 이 공연을 기억하는 사람은 거의 찾아보기 어려웠다.

〈일곱 개의 새로운 무도〉 두 번째 파트는 '사건 I'이라는 알쏭달쏭한 제목이었다. 이 파트에서는 집 하나가 배경으로 등장하는데, 제목과는 달리 별다른 사건이 발생하지 않는다. 세 번째 파트에서는 무대에 강아지 더치스가 등장했다(이 강아지는 출연자 가운데 출연료를 받는 유일한 존재이기도 했다). 이 강아지는 총연습에서 맞은 진정제 탓에 아직 정신이 몽롱한 상태였고, 피아니스트 데이비드 튜더가 존 케이지의 곡을 연주하면서 피아노 덮개를 쾅쾅 내려치는 것을 보고 잔뜩 겁을 먹었다. 연습 중에 더치스는 관객들이 통로로 나가는 것만큼이나 빨리 극장의 지하로 뛰어나갔다. 더치스는 공연 중에는 매트 위에 다소곳이 앉아 피아노를 경계의 눈으로 바라보고 있었다. 공연이 중반으로 접어들면서, 눈은 게슴츠레해지고 귀가 축 늘어지기 시작하면서 무대를 살금살금 떠나려 했다. 커튼 뒤에 서 있던 조련사는 더치스를 매트로 다시 끌어오기 위해 위협적인 자세를 취했다. 더치스는 처음에는 돌아오다가도 이내 꼬리를 흔들며 다시 자리를 뜨려 했다.

더치스를 등장시킬 아이디어를 낸 장본인은 테일러의 친구인 라우센 버그였다. 그는 사실 라마를 내세우고 싶었으나 값이 너무 비싸서 포기했다. 관객이 할 일은 무대에 오른 개를 쳐다보는 일뿐이었다. 테일러는 그 후로 '살아 있는 모든 것, 타이어를 두른 앙고라염소 박제라도' 용납하려 들지 않았다.[7]

다음 파트는 '파노라마'였다. 거울로 가득 찬 무대 세트가 관객을 향해 빈 좌석은 두 배나 많아 보였다. 뒤이은 파트 '듀엣'이 이어지고, 커튼이 올라갔다. 이브닝드레스 차림의 무용수 하나가 한쪽 팔을 괴고 앉아 있었다. 정장을 입은 테일러가 그녀의 발치에 서 있었다. 지휘자가 '흥겨움 속의 고요함'을 요구하자, 그들은 4분간 움직임을 멈췄다. 거짓말이 아니었다. 피아니스트는 존 케이지의 4분 33초짜리 작품으로 유명해진 조용한 곡을 연주했다. 이 순간 커튼이 내려왔고, 테일러는 안심하며 "이

번에는 모든 것이 완벽했다"라고 말했다.[8] '기회'라는 제목의 피날레에서는 공연장의 직원들만이 무용수의 친구로 남은 것 같았다. 콘서트홀의 매니저 또한 자리를 뜨지 않고 무대 뒤에서 기다리고 있다가 테일러에게 다시는 극장을 대여하지 않겠다고 말해주었다.[9]

무용 비평가 루이스 호스트는 이 작품을 묘사할 단어를 찾을 수 없었다. 그는 제목과 공연장소를 언급했을 뿐, 일체의 평을 싣지 않은 채 자신의 서명을 기입했다. 그 어떤 내용도 없었다. 〈댄스 옵서버〉의 창간인이자 편집인, 핵심 비평가였던 그는 13제곱센티미터의 기사 공간을 공백으로 남겨두었다. 미니멀리스트 공연과 마찬가지로 독창적인 비평이었다. 이러한 평가를 내린 비평가는 호스트만이 아니었다. 〈뉴욕 헤럴드 트리뷴〉의 무용 비평가 월터 테리(Walter Terry)조차도 이 별난 미니멀리즘 일곱 파트 가운데 다섯 파트를 한계로 자리를 뜨고 말았다.[10] 테리는 다음과 같이 비평했다. "관객들을 미치게 만들려고 결심한 듯 보였다."[11] 하지만 테리는 끝없는 재능이 펼쳐진 평원에 막 싹이 튼 것을 알아보지 못했던 것에 불과했다.

이들과 완전히 반대되는 비평을 내놓은 사람도 있었다. 무용수 에일린 파슬로프(Aileen Passloff)는 다음과 같이 고백했다. "정말 좋았어요. 지루할 틈이 없었어요. 정말 살아 있는 공연이었어요. 아름다운 것은 말할 필요도 없었죠. 그는 시간과 멈춤에 대한 우리의 생각을 바꿔놓았어요. 내 의식에 완전히 각인되었어요." 열정을 이기지 못한 그녀는 왼손으로 가슴을 움켜쥐고, 오른손을 허벅지에 기댄 채 의자에서 거의 뛰쳐나갈 뻔

Paul Taylor
and Dance Company

Y.M.-Y.W.H.A.
October 20, 1957

L. H.

폴 테일러의 공연에 대한 백지 리뷰

—

'이 작품을 묘사할 단어를 찾을 수 없을 정도다.' 1957년 〈댄스 옵서버〉는 폴 테일러 공연 리뷰를 백지로 내보낸다. 아무 평가도 없다는 것도 실패의 한 종류이다. 우리가 하는 많은 일들이 때로 이런 상황에 처한다. 앞으로 나아갈 수도 뒤로 물러설 수도 없을 때이다.

했다. "잘 아실 거예요." 그녀는 잠시 생각에 잠겨 이렇게 말했다. "사람들은 '나를 놀리는 건가'라고 생각하며 등을 꼿꼿이 세우고 있었죠."[12]

모든 예술가들은 어떤 사람들로부터건 신랄한 비판을 받는다. 예술이 내면의 아이디어를 내보여 바깥 세상에 전달하는 교환의 과정이라면, 텅 빈 감상평은 작품이 비난을 사지 않았고, 그저 평가를 거절당한 것뿐이라는 사실을 말해준다. 즉 조금 아픈 선물을 선사하는 것이다. 테일러에게도 마찬가지였다. 좋지 않은 평가들이 퍼져나가자 공연장을 찾는 사람도 드물었다. 최고의 무용수들이 몇 안 되는 관객 앞에서 공연을 했다. 자리에 앉은 관객들의 숫자는 첫 공연 때 테일러의 눈앞에서 썰물처럼 빠져나가고 남은 관객들의 숫자와 비슷했다.

테일러는 굴복하지 않고 계속 자신의 작품에 헌신적으로 임했다. 뉴욕의 카우프만 콘서트홀을 빌리기 위해 그는 살림살이를 줄여가며 화장실도 없고, 수도와 난방도 들어오지 않고, 불이 나 지붕에 커다란 구멍이 뚫린 아파트에서 불법 야영도 했다. 그는 채광창을 상상하며 플라스틱으로 지붕을 덮었다. 겨울에는 냉장고가 필요 없었다. 집 전체가 냉장고 속에 들어간 것처럼 추웠기 때문이다.[13] 잉크가 얼어 잉크병이 깨지다 보니 연필을 써야 했다. 또한 주철제 가스난로를 거의 사용하지 않았는데, 옆집 쓰레기 더미에서 나온 메탄가스와 고양이 오줌이 풍기는 암모니아가 불꽃에 닿아 폭발할 수도 있었기 때문이다.[14]

가구는 있었을까? 그는 길거리에서 이른바 '참신한 집기'와 버린 가구를 주워 와서 생활했다.[15] 게다가 돈이 바닥나 슈퍼마켓에서 들키지 않을 만한 좀도둑질을 시작했다. 그는 개밥 몇 캔을 슬쩍한 것은 윤리에는 어긋날지 몰라도 살기 위해 어쩔 수 없는 일이었다고 말했다. 캐비어를 훔친 것은 '체면을 유지하기' 위해서였다.[16] 하지만 그는 밤에 식탁 위에 올라온 쥐를 물끄러미 바라보며 음식 부스러기 하나 던져주지 않는 인색한 자신의 모습이 부끄러웠다. 쥐에게 줄 음식 부스러기조차 갖고 있지 않았던 것이다.[17]

그는 차디찬 방에서 세 명의 무용수들과 함께 모자를 쓰고 코트를 입은 채로 겨울을 보내며 8개월간 연습을 계속했다. 그들은 급료는 쥐꼬리만 하고 근무시간도 짧아 그만둬봤자 실업통계에 포함되지도 않는 허드렛일을 마치고서야 남는 느지막한 시간을 이용했다.[18] 그러나 테일러의 재능은 이러한 환경에 제약받지 않았다. 〈일곱 개의 새로운 무도〉를 선보인 다음 해, 그는 현대무용의 대가 마사 그레이엄의 댄스 컴퍼니로 복귀한다. 그레이엄의 걸작 〈클리템네스트라〉에서 미미한 역할을 맡았음에도 그는 개막 공연에서부터 유독 칭찬을 받았다. 뉴욕시티 발레단의 공동 창립자이자 지휘자인 링컨 커스틴(Lincoln Kirstein)은 테일러에게 발레를 해보지 않겠느냐고 제안했다. 발레는 현대무용과 완전히 다른 춤인데도, 커스틴은 테일러의 재능을 높이 평가해 '괴짜 댄싱에 대한 놀라운 재능'을 갖고 있다고 칭찬했다.

〈일곱 개의 새로운 무도〉가 낳은 파장의 의미를 곱씹어본다면 이는 예술계에서 흔히 벌어지는, 다른 사람들에게 실패로 보일 수 있는 경험이다. 우리는 이러한 실패가 발생하는 이유를 자세히 살펴볼 필요가 있다. 예술가를 예로 들었지만 거의 모든 분야에서 광범위하게 이러한 종류의 실패가 벌어지고 있기 때문이다. 우리는 종종 자신이 의도한 것과 그 결과물 사이에 '차이'가 존재하는 것을 느끼게 된다. 이는 바로 야망과 능력 사이의 괴리로 인해 생기는 '틈새' 때문이다. 테일러는 레오나르도 다빈치가 언급하고, 다른 예술가들도 알고 있었던 틈새를 메우는 중이었다. '안목이 작품보다 앞서면서 생기는 심연의 골'이 이러한 틈새에 해당한다.

많은 예술가들이 이러한 틈새를 인식하고 있었다. 세계적 사진작가 다이안 아버스는 '의도와 효과 사이에 놓인 괴리'라는 말로 이를 묘사했다. 마르셀 뒤샹 또한 1957년 4월, 텍사스 휴스턴의 미국 예술연맹 컨벤션 강의에서 이러한 괴리를 언급했다. 그는 이를 가리켜 "의도와 현실화 사이에 놓인 차이점"이라 불렀고, 이러한 괴리를 예술가도 인지하지 못한다고 생각했다.

결과와 열정 사이에 놓인 틈새의 끝자락에 선다는 것은 모든 행위의 동력이 될 수 있다. 작가 오거스트 윌슨은 자신이 쓴 시가 발상을 충분히 표현할 수단이 되지 못한다고 생각해 연극으로 시야를 돌렸다.[19] 시인 에즈라 파운드는 자신이 소설을 운문처럼 줄이려 한다는 사실을 깨닫고 나서, 실패한 소설들을 화로에 던져버린 다음 시인으로 직업을 바꿨다.[20] 이들 모두 틈새에 있었기에 이러한 결정을 내릴 수 있었다.

시인 하트 크레인이 〈리틀 리뷰(Little Review)〉에 작품을 기고했을 때, 이 잡지에서 외국인 편집자로 일하고 있던 파운드는 이렇게 말했다.

"아직 달걀일 뿐이야. 물론 이 가운데는 더 나은 달걀도 있겠지. 그렇지만 넌 알을 품어줄 암탉이나 부화기를 갖지 못한 것 같아."

당시 18세였던 크레인은 틈새의 한복판에 있었다. 그가 지닌 모든 자질은 아직 무르익지 못했다. 그가 선보인 최초의 시집에는 파운드의 사진과 파운드가 저술한 《페르소나(Personae)》의 광고가 실렸다. 이후 크레인은 파운드의 답신을 길지 않았던 인생 내내 간직했다. 크레인을 연구한 랭던 해머(Langdon Hammer)가 표현하기를, 크레인이 '마치 현대 시인의 자격증인 양' 파운드의 답신을 소중히 간직했던 이유는 그가 심연의 골에 빠져 있을 때 시간을 내 편지를 썼던 사람이 바로 파운드였기 때문이다.[21] 파운드의 혹독한 평가가 크레인에게는 발전에 이르는 과정이 되었던 것이다.

작품과 시야 사이에 놓인 틈새를 메우는 것은 완벽한 선율을 듣지는 못하지만, 노래의 음표를 듣는 것과 마찬가지다. 머리를 떠나지 않는 노래, 의식에서 반복되는 노랫말처럼, 미완성의 시나리오는 이를 마무리할 가닥이 잡힐 때까지 몇 번이고 생각 속에서 고개를 든다. 이는 음표를 전체적인 멜로디로 규합하는 과정에서 그 음표들을 반복적으로 연주하게 되는 '자이가르닉 효과(완성하지 못한 일을 마음속에서 쉽게 지우지 못하는 현상-

옮긴이)'와도 어느 정도 유사하다.

심리학자 블루마 자이가르닉과 쿠르트 레빈이 연구한 이 현상은 사람들이 생각한 것처럼, 우리가 무언가를 완성할 때까지 그것에만 신경 쓰라고 마음이 우리를 '들볶은' 결과로 나온 것이 아니다.[22] 노래의 불완전한 구절이나 마치지 못한 숙제들을 곱씹는 현상은 무의식이 의식을 향해 계속해서 의문을 제기하는 것이다. 그렇다면 이처럼 불완전한 노력을 해결하기 위한 '계획'을 세우는 것이 과연 가능할까? 무의식은 그 자체로는 아무것도 할 수 없으므로 시간, 장소, 기회와 같은 구체적인 매개체를 끌어들여 그 계획을 세울 수 있도록 끊임없이 의식의 영역을 건드린다. 일단 계획이 세워지면, 무의식은 이와 같이 매개체를 통해 의식을 건드리는 작업을 중단한다.[23]

우리는 자이가르닉 효과를 느낄 수 있다. 물론 이를 느끼면서도 이처럼 어려운 용어로 언급하는 경우는 드물다. 스스로를 넓히고 늘려 야망과 효율성 사이에 자리 잡은 틈새를 극복하는 것은 보이지 않는 내면적인 과정이다. 화가 호안 미로가 말했듯 이러한 예술적 열정은 "하나의 퍼레이드로, 당신의 내면에서 행진한다".

모든 것을 받아들여라. 심지어 나쁜 것도

폴 테일러는 언제, 어떻게 비평을 무시해야 하는지 알고 있었다. 그의 말에 따르면 이 시점까지는 '장애물은 무시하는 것이 최선이다'라는 태도로 냉대에 대응했다. 장애물을 돌파할 생각이 아니라면 허공에 부유하도록 놓아두면 되는 것이다. 그는 라우센버그와 처음으로 진행했던 작품, 1954년 〈잭과 콩나무〉 공연 이후 거행한 의식을 통해 이렇게 대처했다. 테일러의 말에 따르면 청중들은 "그저 자리에 앉아 있을 뿐, 환호하지도, 박수를 치지도 않았다. 그야말로 아무것도 없었다."[24]

두 사람은 극장 뒤에서 대기하고 있다가 복도로 들어왔다. 그들은 나무줄기(라우센버그가 콩나무 줄기로 만든 무대 세트의 일부였다)에 묶인 풍선을 날려 보내며, 춤이 얼마나 쏜살같이 흘러갔는지 서로 칭찬을 아끼지 않았다. 테일러는 "핵심적인 발상은 우리들 안에 있는 기존의 틀 속에 자리 잡은 그림이나 무용을 지워버리고 다음 단계로 나아가는 것이다"라고 생각했다.[25]

비판을 무시하고 배척하는 예술가의 고집을 완고함과 동일시해서는 곤란하다. 이는 통합의 행위가 되는 경우가 많다. 불평이 들끓는 와중에 내면에 깃든 비전을 주장한다면 미친 짓으로 보일 수도 있다. 더 큰 인기를 얻을 수 있는 기회를 거절하는 경우라면 특히 그렇다. 〈일곱 개의 새로운 무도〉에 쏟아진 혹평에도, 테일러에게는 무수히 많은 기회가 주어져 발레와 같은 다른 형태의 춤에 매진할 수 있었다.

테일러처럼 비평을 무시하려면 다른 사람들과 떨어져 있어야 한다. 창조의 과정을 위해서는 '방해받지 않는 발전'이 필요하다. 시인 라이너 마리아 릴케는 이를 가리켜 "어둡고" "말로 표현할 수 없는" 장소에 비유했다. 그는 젊은 시인 프란츠 카푸스(Franz Kappus)에게 창조적인 작품을 비평으로부터 지키는 방법의 중요성에 대해 설명하면서 "배아 단계의 감정은 누에고치와도 같은 환경의 도움을 받아야 한다"라고 강조했다.[26]

나는 비평가 자격으로 예일 예술학교의 교수진에 합류했다. 당시 자주 방문했던 교내의 작업실에서 위 사실을 절감할 수 있었다. 완성된 그림이나 가치 있어 보이는 미완성 그림들은 바깥에 나와 토론의 주제에 올랐다. 다른 그림들은 눈에 띄지 않도록 뒤집어 놓았다. 뒤집어 놓은 작품들을 보고 싶은 유혹을 떨쳐내기 위해, 나는 종종 1904년 로댕의 작업실에서 벌어졌던 일화를 상상해보았다. 로댕은 버지니아 울프와 그녀의 친구들에게 자신의 작품을 보여주면서도, 종이로 가린 작품만은 숨기려 했다. 울프가 짓궂게 종이를 들추면 로댕은 그녀의 손을 찰싹 때렸다.[27]

예술가들은 그림을 뒤집거나 조각품들에 종이를 붙여 때 이른 비평으로부터 벗어나려 한다. 그들은 충분한 이유를 갖고 안전한 피난처를 찾으며, 혁신의 과정을 보호하려고 한다. 혁신적인 아이디어는 직관에 어긋나는 경우가 많아 첫눈에 실패로 보일 수 있기 때문이다.

우리는 위험을 감수하며 필요한 경우 실패를 마다하지 않기에 성취할 수 있다. 이럴 때 사적인 공간은 우리가 시도와 실패로부터 결과물을 얻는 장소가 된다. 사적인 공간은 현실에서건 내면에서건 오랜 세월 유지될 수 있다. 유명 소프라노 르네 플레밍은 누군가의 앞에서 노래할 때까지 10년이라는 세월이 걸렸고, 사람들 앞에서 중단 없이 노래를 마치기까지는 5년이 더 걸렸다. 그녀는 이렇게 말했다. "연습 때와 똑같이 노래할 수 있게 된 것은 30대 후반이었어요."[28]

철학자이자 소설가인 움베르토 에코는 '일상에서의 텅 빈 공간'에 사는 법을 습득해 어디에서건 안식처를 만든다. 그는 주변 환경으로부터 자유자재로 스스로를 단절시켜 단 몇 분, 심지어 마트에서 줄을 서 있을 때조차도 자신이 매진하고 있는 과제에 집중한다. 그는 이렇게 말했다. "당신이 내가 있는 장소로 오고 있어요. 나는 엘리베이터를 타고 올라오는 당신을 기다립니다. 여기는 내가 일하는 텅 빈 공간입니다. 당신이 엘리베이터를 타고 1층에서 3층으로 올라올 때, 나는 이미 글 한 편을 다 완성했어요!" 이처럼 일상에 존재하는 텅 빈 공간은 우주에 존재하는 텅 빈 공간처럼 광대하다. 움베르토 에코는 '나는 일요일에 소설을 쓰는 교수입니다'라는 글에서 이에 대해 쓰기도 했다. "우주 속의 텅 빈 공간과, 원자 속의 텅 빈 공간을 없애버리면 어떻게 될까? 우주는 내 주먹 크기로 쪼그라들 것이다."[29]

재즈 즉흥 연주에서 때 이른 비평을 방어하려면 도피처, 작업실, 그림 뒤집기로는 불가능하다. 재즈에서의 방어는 저절로 일어나는데, 특히 즉흥 연주에서 뇌는 나름의 판단을 막는 바리케이드를 만들어낸다. 외과 의사이자 색소폰 연주자인 앨런 브라운(Allen Braun)과 찰스 림(Charles Limb)은 존스홉킨스 메디컬센터의 사무실에 설치한 녹음실에서 이 사실을 밝혀냈다. 그들은 이러한 과정을 가장 가깝게 재현할 수 있는 방법을 고안했다. 우선 연주자들을 미국 국립보건원에 초청해 곡 하

재즈에서 즉흥 연주는 어떻게 가능한가

—

즉흥 연주가 가능하려면 자신 안에서 떠오르는 모든 것을 받아들여야 한다. 나쁜 음, 나쁜 실수라고 해도 말이다. 즉흥 연주로 유명한 전설적인 재즈 음악가 루이 암스트롱의 '스캣 싱잉'은 가사 대신에 아무 뜻 없는 '다다다다'를 아무 소리로 노래하는 것이다.

나를 외우도록 한 다음, 동일한 코드 진행에 맞춰 즉흥 연주를 시키고 fMRI(기능적 자기공명영상) 장비로 뇌파를 측정했다. 즉흥 연주가 진행되자, 연주자의 두뇌는 자기표현에 해당하는 영역이 활성화되는 한편, 자기 판단을 관장하는 부분은 억제되고 모든 충동이 살아났다. 신경과학자들은 이처럼 자학 없이 실패를 받아들이는 너그러운 상태를 '전두엽으로부터의 유리'라는 용어로 표현한다.[30] 보통 사람들은 이를 가리켜 재즈 즉흥 연주에서의 기본 원리라고 말한다. 이는 약점, 실수, 절묘한 아름다움, 즐거움 등등 뭐든 떠오르는 것을 부정하지 않고 받아들여 합치는 과정이다. 윈튼 마살리스의 말처럼 재즈를 연주하는 것은 '대화를 나누는 것'이나 마찬가지다. "연주 중에는 스스로를 평가하기 어렵죠. 박자를 맞춰야 하니까요."[31]

우리의 의식이 이러한 단계에 가장 가까워지는 순간은 꿈을 꾸는 렘수면 상태이다. '백일몽'의 상태에 빠져 판단의 무게를 외면하는 것이다.[32] 내가 나 자신을 평가하는 것과 타인의 평가를 신경 쓰지 않는 것은 재즈 연주가들의 자존감의 원천으로 자리 잡은 지 오래다. 재즈 연주가들의 성품이 시원시원하다는 오랜 평판 또한 널리 알려진 그들의 이러한 면모에 기인한다. 나 역시 화가이자 재즈 앤 블루스 베이스 연주자였던 나의 할아버지, 샤드라크 엠마뉴엘 리(Shadrach Emmanuel Lee)를 보면서 이 사실을 깨달을 수 있었다. 80대의 나이로 돌아가시기 전까지 그 어느 것도 할아버지를 방해할 수는 없었다. 고통과 병마에 신음하던 할아버지는 아무런 말이 없으셨다. 그러나 전 세계 각지로 흩어진 블루스맨의 자녀

들은 내가 할아버지를 보며 느낀 심정을 똑같이 말하고 있다. "우리 아버지 옆에서 왈왈대던 재즈 연주가들은 자신감이 넘쳐 보였어요."

마살리스는 이렇게 회상했다.

"그들은 자신을 잘 알고 있는 사람들을 의식하지 않았어요.[33] 자기 평가를 억누르면, 재즈는 연주자로 하여금 자신의 본질에 다가갈 수 있도록 유도한 다음 '바로 거기야. 그걸 표현해'라고 말해주거든요."

이처럼 모든 연주자들은 자신만의 독특한 음악을 선사할 재능을 지니고 있고, 이 개인적 언어를 통해 세상과 교감하게 된다. 그들은 실수를 비롯한 모든 음악적 영감을 있는 그대로 받아들이며 이 모든 것들을 스윙의 박자 속에서 균형 있게 풀어낸다.

안전한 안식처는 우리 내면의 웃자란 검열 기준으로부터 작품을 방어하는 의미를 지니기도 한다. 〈파리 리뷰〉와의 인터뷰에서 극작가 오거스트 윌슨은 한 웨이트리스와의 일화를 회상했다. 그는 자주 찾는 레스토랑에서 냅킨에 무언가를 쓰고 있었다. 웨이트리스가 다가와 이렇게 물었다. "별로 중요한 내용이 아니라서 냅킨에 쓰고 계신 건가요?" 윌슨은 대답했다. "냅킨에 뭔가를 쓰면 해방감을 느낄 수 있다는 사실을 아시나요?" 이 일화에 대해 윌슨은 다음과 같이 말했다. "만일 메모지를 꺼내서 뭔가를 쓰고 있으면 이렇게 광고하는 것이나 다름없겠죠. '나 지금 글을 쓰고 있어요.' 내가 작가라는 사실을 더 의식하게 되죠. 웨이트리스가 의식했거든요. 나는 의식하지 못했더라도 그녀가 의식했으니까요. 내가 냅킨에 글을 쓰는 이유가 바로 여기에 있어요. 그리고 일거리 하나를 갖고 집에 들어가는 거죠. 바나 레스토랑의 냅킨에 쓴 글을 집에서 다시 타이핑하면 되니까요."[34]

날이 갈수록 다른 사람들이 쓴 이야기에 비교당하는 현실에서, 내 이야기를 다독이기 위해 후퇴하는 것은 그 어느 때보다도 중요한 일이 되고 말았다. 내면의 비평이건, 외부의 비평이건, 일이 잘 풀리지 않을 때 쏟아지는 비평은 우리의 정신과 우리를 둘러싼 환경에 깃든 건전한 일면이라 말할 수 있다. 칼 융을 연구한 클라리사 핀콜라 에스테스(Clarissa Pinkola Estés)에 따르면 내면의 비평가는 다음과 같은 질문을 제기할 때 도움을 준다고 말한다. "이 작품이 최고의 효과를 낼 수 있는 방법은 무엇일까? 어떻게 해야 이것이 저것과 어울릴까? 시작부터가 잘못되었으니, 다시 시작해야겠다."[35] 연구실에서의 탁상공론으로는 완벽히 설명할 수 없는 주제를 우리의 인생 이야기로 설명할 수 있는 것이다. 적절한 시점에 연주하는 것은 재즈 연주자들로 하여금 실수로 인해 스스로를 자학하지 않고, 언제 실수했는지 알 수 있도록 자신을 돌아보는 계기를 만들어준다.

하지만 비평과 너무 오래 담을 쌓으면 인식의 능력이 완전히 왜곡될 수 있다. 오랜 세월, 예술은 사적인 공간에서 창조되었으나 여기에는 모종의 피드백이 필요하다. 이러한 위험성을 경고하는 사례로 한 예술가의 이야기를 들려줄 수 있다.

1545년, 메디치가의 공작 코시모(Cosimo) I세는 화가 자코포 다 폰토르모(Jacopo da Pontormo)에게 산 로렌조에 있는 플로렌스 성당의 예배당과 성가대석에 그림을 그리라는 명을 내렸다. 폰토르모는 성심껏 〈노아의 홍수〉를 그리기 시작했고, 그 누구에게도 공개를 거부했다. 발자크의 〈미지의 걸작〉에서 주인공 프렌호퍼는 10년간 두문불출하며 초상화를 그렸지만 의도했던 효과를 거두지 못한다. 프렌호퍼와 마찬가지로 폰토르모는 11년간 별의별 가림막과 덮개로 작품을 가린 채 작업을 진행했지만 죽기 전에 작품을 완성하지 못했다. 이 가운데 아직까지 남아 있는 작품은 단 하나도 없다. 이탈리아의 화가이자 작가, 르네상스 시대의 예술 전기 작가인 조르지오 바사리(Giorgio Vasari)는 폰토르모의 그림이 형태를 왜곡했을 뿐만 아니라 배치 또한 뒤죽박죽이어서 만일 11년간 그 작품을 붙들고 있었다면 "분명 제정신이 아니었을 것"이라고 분석했다.[36] 폰토르모는 작업을 위해 오랜 기간 스스로를 가두면서 너무 오래 새장에 갇힌 새처럼 깃털이 다 뽑혀 나갔다.

때로는 압박이 창조의 원천이 된다

1962년에는 3.5달러만 지불하면 폴 테일러가 만든 작품 〈아우렐〉의 최고가 티켓을 구입할 수 있었다. 그러나 40년 후, 테일러의 회사를 전 세

창조적인 일에 환호가 도움이 될까, 배척이 도움이 될까

—

창조적인 일일수록 대중의 사랑을 크게 받아야 그 가치가 인정된다. 그러나 사람들에게서 받는 환호가 창의성을 발휘하는 데 도움이 될까? 많은 대중예술가들은 말한다. 분명한 것은 압박이 나쁜 건 아니며, 궁지에 몰렸을 때 떠오른 영감이야말로 대단한 것이라고.

계적으로 유명하게 만든 작품을 관람하기 위해 링컨센터에 오고 싶어도 3.5달러로는 지하철 왕복 승차권조차 구입하지 못한다. 〈아우렐〉은 댄스의 역사를 만든 작품이다. 테일러는 이 작품 덕에 무용계에서의 입지가 공고해졌고, 1974년 무용계에서 완전히 은퇴하기 전 마지막으로 이 작품의 무대에 섰다. 〈아우렐〉에서 그는 무엇을 듣고 무엇을 무시해야 할지 배웠다. 또한 이 작품은 〈일곱 개의 새로운 무도〉 이후 그의 예술적 비전을 투영할 작품이기도 했다. 철학자이자 시인 랄프 왈도 에머슨은 이렇게 기술했다. "모든 천재들의 작품 속에서 우리는 거부당했던 자신의 생각을 찾을 수 있다. 이러한 생각들은 범접하기 어려운 장엄한 형상으로 우리 앞에 등장한다."[37] 많은 청중들은 다른 사람들이 배척한(그러나 항상 테일러 자신에 의해 받아들여진) 생각들이 그의 작품 속에 자리 잡은 것을 볼 수 있었다.

그는 〈아우렐〉 첫 공연이 끝나고 폭발한 관중들의 환호에는 별 감흥을 받지 않았다. "그들을 위해 한 일이 아니니까요."[38] 사람들이 1962년 작품에 박수갈채를 보내는 순간, 테일러는 이들이 과거에 외면당하고 혹평을 받았던 작품까지 자연스레 인정하고 있다는 것을 느낄 수 있었다. "안무 창작이 얼마나 쉬워졌는지, 이전까지의 작품이 규모를 막론하고 내 꿈을 얼마나 크게 키워주었는지 잊을 수가 없어요. 이전 작품들에 비해서는 아이들 장난에 불과했어요. 이전 작품들은 대중들의 관심을 받지는 못했더라도 무용 기술은 훨씬 복잡했거든요. 들이파고, 붙잡고, 씨름해야 했죠."[39]

압박을 받는 상황은 비판을 받아들이는 데 도움이 될 수 있다. 의도적인 오역 덕에 독특한 접근이 가능할 수도 있으며, 나에게 반대하는 사람들로부터 교훈을 얻는 것이 나만의 시각을 유지하는 최고의 비결이 될 수 있다. 사면초가의 상황이 유발하는 힘든 여건에 의지할 수 있는 것이다. 테일러는 파리 예술극장(Theatre des Arts)에서 〈아우렐〉 공연을 시작했다. 19회 공연을 계약한 덕에 그는 하루 종일 무대를 자유롭게 이용할 수 있었다. 그 결과 처음으로 청중들의 눈높이에서 작업하며 거리와 무대 조명이 동작에 미치는 효과, 표정의 변화를 파악할 수 있었다.[40]

어디엔가 처박혀 거의 불가능할 정도의 데드라인을 스스로 정한다면 새로운 창작의 샘이 솟아날 수 있다. 작곡가 레너드 번스타인은 이렇게 말했다. "위대한 성과를 얻으려면, 두 가지가 필요하다. 계획, 그리고 충분하지 못한 시간이다."

작가이자 신경과 전문의인 올리버 삭스(Oliver Sacks)는 좌절을 이기지 못하고 스스로에 대한 도전을 감행했다. 그는 열흘 안에 책을 쓰지 못하면 스스로 목숨을 끊겠다고 마음먹었다. 죽어버리겠다는 것과 다를 바 없는 이 계획은 그를 극심한 공포로 몰아갔다. 그는 단 한 문장도 쓰지 못한 채 지난 몇 달을 허비한 상태였다. 그는 과제를 세운 다음 예상치 못한 방법으로 아이디어를 조합하고, 자신을 '다리' 내지는 '전달자'로 생각하며 의식의 내면에 문장을 쓰기 시작해 열흘이 되기 하루전에 원고를 마칠 수 있었다.[41] 이러한 한계와 마주 서다 보면 자신에게 닥친 상황을 돌파할 수 있다. 한계를 다루는 과정에서 생기는 불확실성에 대한 인식이 더욱 창조적인 해결 방안을 가져올 수 있기 때문이다.[42] 압박을 받는 상황에서는 후퇴하게 될 것 같은 순간에 창조적인 영감이 떠오를 수 있다.[43] 스티브 잡스는 동료 존 스컬리에게 이렇게 말했다. "우리들 중 그 누구도 얼마나 여기에 있어야 하는지 알지 못해. 물론 나도 다를 바 없어. 하지만 되도록 젊을 때 많이 이뤄야 한다는 것이 내 생각이야."[44]

내가 품은 비전과 내 손으로 만든 작품 사이에 놓인 틈새를 메우는 일은 실패라는 평가를 극복하는 평생에 걸친 과정이다. 이는 예술가나 혁신가가 관장하는 작업 가운데 하나일 것이다. 한 원로 무용수의 15주년 기념 공연이 있던 날 저녁, 그는 다음과 같은 말을 우리에게 들려주었다.

"당신이나 나나, 관객들이 무용을 어떻게 받아들일지 절대 알 수 없어요. 내가 만들고 싶은 것이 무용인 이상, 그들의 반응에 연연하고 싶지 않아요. 물론 그들이 좋아해준다면 좋겠지만, 내가 안무가로 활동하는 이유가 거기에 있진 않죠. 난 그저 창작을 즐길 뿐이에요."[45]

3장

행동 법칙 3 — 영리한 항복
밑바닥까지 내려간 후 위로 올라가는 법을 발견하다

스스로를 극단으로 몰아가는 사람들이 있다. '세계에서 가장 유명하고 비극적인 실패'로 기억되
는 스코트의 남극 탐험도 그랬다. 사진가이며 탐험대의 일원이었던 허버트 폰팅이 남긴 사진에
는 내면에 깃든 뭔가를 끝까지 끄집어내려는 이들이 보인다. 분명한 건 그 힘을 느끼려면 밑바
닥까지 내려가야 한다는 것이다.

"바람에 굴복하면, 바람에 몸을 실을 수 있다."

– 토니 모리슨

비보와 함께, 런던의 성 바울 성당에는 타이타닉이 침몰한 당시보다도 더욱 많은 사람들이 모여들었다.[1] 1911년 1월, 로버트 팔콘 스코트(Robert Falcon Scott) 선장은 순록의 털가죽으로 온몸을 감싼 채 남극점 정복에 도전했다. '성배'를 찾는 탐험에 비유할 수 있는 이 도전을 두고, 세계 각국은 지구의 남쪽 끝에 인류의 첫 깃발을 꼽는 영웅을 맞는 데 혈안이 되어 있었다. 남극점, 오직 남극점만이 당시 대화의 주제였다.[2] 그러나 스코트와 동료들에게 '정적의 대륙(Quiet Land)을 향한 여행'은 '눈앞에 닥친 지옥'이 되고 말았다.[3]

대원들 모두가 사망한 스코트의 일화는 인류 탐험의 역사에서 그 누구도 갱신하지 못한 기록이 되고 말았다. 마지막까지 남은 다섯 명은 캠프와 불과 19킬로미터 떨어진 곳에서 남은 음식으로 연명하다가 최후를 맞이했다. 스코트의 탐험기는 탐험의 꽃을 피운 에드워드 7세 시대에 있었던 미완의 위대한 여행이자 '세계에서 가장 유명하고도 비극적인 실패'로 기억된다.[4]

그로부터 약 1세기 후, 세계에서 가장 위대한 극지 탐험가 중 한 명인 벤 손더스(Ben Saunders)는 인류 역사상 세 번째로 혼자 걸어서 북극점을 정복했다.[5] 그 이후로 그 누구도 이러한 업적을 재현하지 못했다. 그는 2004년 2월, 어디에도 소속되지 않은 세 명의 탐험가들과 함께 비용을 분담해 비행기에 몸을 싣고 시베리아 최북부와 대서양이 만나는 경계선에 도착해 케이프 아크티케스키(Cape Arkticheskiy)에서 첫발을 내디뎠다. 그러나 두 사람은 이내 구조를 요청해야 하는 위기에 처했다. 프랑스 해병대 출신 탐험가는 얼음 사이로 떨어져 동상에 걸렸고, 미국인 탐험가는 발목 부상으로 비행기를 불러야 했다. 프랑스 여성은 실종되어 영영 행방을 찾을 수 없었다. 오직 손더스만이 이 프로젝트를 무사히 완수했다.

손더스는 모든 사람들이 자신만의 극점을 갖고 있다고 믿는다. 이 극점은 너무나 커 역설을 내포할 수밖에 없는 꿈을 의미한다. "목표에 이르려면 몇 번씩 실패를 경험해야 하는 경우가 있죠." 그는 북극 탐험 이전에, 또한 북극 탐험 와중에 실패를 경험했다. 이 실패는 그를 마비시키지 않고, 그의 내면에 깃들어 목표를 추진하는 동력으로 자리 잡았다. 나는 그가 생각하는 스스로의 절대적 한계에 어떻게 굴복했고, 다른 가능성을 어떻게 찾았는지 알고 싶었다.

북극을 정복하려면 먼저 북극에 항복하라

손더스의 말에 따르면 스코트가 대서양을 향해 출발했을 당시, 인류는 얼어붙은 지구의 기후에 비해 '달의 표면에 대한 지식'이 더 풍부했다.[6] 지구의 많은 지역이 지도에 기재되기 시작한 19세기 말까지 탐험가들에게는 여행이 하나의 직업이었다.[7] 탐험가라는 단어는 '식민지 땅에 뽐내며 발을 디딘 모습'을 연상시키고, 모험가라는 단어는 '불행히도 특별히 할 만한 일이 더 이상 없기 때문에' 선택하는 직업을 의미할 수 있다. 그러나 이 두 단어는 자신이 닿을 수 있는 지리적 한계를 깨뜨릴 내면의 능력을 발굴하려는 그의 핵심적인 목표를 설명하지 못한다. 추상화가 에드 모세(Ed Moses)가 창작을 발견에 비유하는 것처럼, 손더스 또한 이러한 논리를 변형해 탐험 인생을 묘사하는 단어로 '장인' 또는 '예술가'라는 단어를 찾았다고 말해주었다.[8]

스스로를 극단으로 몰아가는 사람들은 주변이 아닌 최전선에 서서 인내와 발견의 한계치를 시험하는 경우가 많은데, 손더스 역시 이런 부류에 속했다. 얼음으로 뒤덮인 황무지가 어떻게 사람들을 인간의 한계로 몰아가며, 인내를 위해 무엇이 필요한지 그의 주위 사람들이 이해하기란 쉬운 일이 아니었다.[9]

오늘날에는 비행기나 헬리콥터를 타고 극지에 갈 수 있고, 마지막 96킬로미터 정도는 스키를 타고 갈 수도 있으므로 손더스의 활동은 '기획된 스턴트'라고 말하는 사람들도 있을 수 있다. 손더스는 2004년, 인터넷에서 접한 모르는 사람으로부터 그의 북극점 정복 실패는 명명백백히 불가능한 일에 도전한 결과이므로 새로운 직업을 가져보라는 조언을 받았을 때 얼마나 재미있었는지 모른다고 말해주었다. 손더스는 민망한 척하면서 "나를 야단치는 블로거의 섣부른 조언에 의지했다면 내 인생 전부를 바꿀 수 있었다고 생각해요. 하지만 나는 내 주관을 버리지 않고 실용적이지는 않아도 의미가 있는 일에 온 힘을 다해 매진했어요. 마지막 한 푼까지 돈을 모았고, 젖 먹던 힘까지 끌어내고, 1분 1초까지 투자해 계획한 탐험을 준비했죠"라고 말했다.[10]

북극에서는 당신이 앞으로 나아가는 동안에도 대양의 유빙이 대륙의 빙하를 뒤로 밀어낸다. 북극이 생소한 경험의 공간이 되는 이유 중 하나는 이러한 음의 표류 탓이다. 얼음으로 뒤덮인 정경은 무려 약 1,400만 제곱킬로미터에 걸쳐서 북극해를 덮어(미합중국 영토의 1.5배에 달하는 넓이다) 레나 강, 예니세이 강, 시베리아의 오비 강을 비롯한 지구 강 수원의 10퍼센트를 이룬다. 그러나 이러한 빙층은 점점 얇아지고 있다. "거대한 얼음덩이가 아니라, 무수히 많은 빙판으로 구성되어 있어요. 수 킬로미터씩 뻗은 빙판도 있고, 수십 센티미터에 불과한 빙판도 있죠. 항상 움직이고, 항상 떠다녀요." 손더스는 묘한 웃음을 지으며 이렇게 말했다. "게다가 운이 따르지 않는 날에는, 빙판이 뒤로 밀려나죠." 여전히 수천 킬로미터의 여정이 남아 있던 어느 날, 그는 북쪽을 향해 여덟아홉 시간을 스키로 전진했다. 그러나 이와 동시에 얼음은 남쪽으로 3킬로미터 넘게 떠내려가기 일쑤였다. 그는 이누이트 족이 아닌 몸으로 수목 한계선을 향해 매일 밤 북쪽으로 전진했고, GPS를 점검한 다음 얼마나 멀리 왔는지 일기에 기입했다. 일기를 쓰는 행위는 그가 가장 고대하던 의식이었다. 그러나 아침이 되어 자신이 온 거리를 다시 한 번 점검해보면 잠든 시간 동안 목적지로부터 떠내려와 있는 경우가 많았다. 짓궂은 장난처럼, 남아 있는 거리가 전날 전진한 거리를 지워버릴 정도였다.[11]

끊임없이 움직이는 땅 위의 목표에 도달하려면 일종의 마법이 필요했다. 그는 "사람들이 많이 밟지 않았던 길이라서 좋습니다. 홀로 이 땅을 밟고 있으면 눈앞에 펼쳐진 설원이 오직 나에게 특별한 광경을 선사해요. 다음 날 같은 시간에 누구라도 같은 지점에 올 수 있죠. 그러나 이때 펼쳐진 광경은 오늘 내가 본 것과는 완전히 다를 거예요"라고 말했다.

마침내 그는 바람, 기온, 날씨에 스스로를 조율하기 시작하면서 중요한 사실을 깨달았다고 한다.

"우리가 이 거친 땅에서 무엇을 바꿀 수 있을까요. 하지만 주기와 계절을 이해하기 시작하면 외부 환경에 굴복하는 단계가 오기 마련이에요. 바람과 온도가 나에게 보내는 위협적인 신호를 받아들이고, 그 속에서 가능한 것들을 찾아봐야 하는 거죠."

그러나 눈 덮인 유리와도 같은 지면이 떠내려가고, 아직 수천 킬로미터를 더 가야 할 때는 비현실적으로 힘이 들어서 다시 감상에 젖은 양 한참 휴식을 취해야 했다.

완전히 불가능해 보였던 순간도 있었다. 그때는 최종 목표가 무엇인지 생각조차 할 수 없었다. 앞쪽의 정북향에 놓인 얼음 한 조각만 바라보면 족한 나날이었다. 그는 이렇게 생각했다. "오직 내가 염두에 둘 것은 대략 9미터 떨어진 얼음 더미까지 가야 한다는 당장의 목표야. 거기까지 간다면 일단 성공이야. 가야 할 방향에 있는 얼음 더미에 도달한 이상, 남은 일은 그다음에 생각하면 돼." 할 수 있는 가장 작은 일만 하면 족한 나날들이었다.

그는 정신이 무너질까 두려워 우울한 생각을 떨쳐버리며 고통을 멀리하려 했다. AAA사이즈 리튬 배터리로 작동하는 한국산 mp3 플레이어에서 흘러나오는 멜로디에 맞춰 결연한 목소리를 내뿜기도 했다. 북극의 추위를 견딜 수 있는 물건은 이 제품 하나뿐이었다. 처음에는 극한의 추위 속에서 배터리로 작동하는 전자기기가 얼마나 버틸 수 있을지 확신하지 못해 밤에 몇 분씩만 작동시키는 방식으로 길지 않은 음파를 아껴 배분했다. 기계가 버틸 수 있다는 확신이 들자, 그는 반복적인 일렉트로닉 댄스 음악에서부터 다소 지루하지만 멋진 노래와 경박하지만 기운을 북돋는 음악까지 다양한 사운드트랙을 섭렵했다. 그는 록밴드 라디오헤드 같은 최신 곡에는 깊이 빠지지 않았다고 덧붙이며 조금이라도 감상적인 음악은 듣지 않으려 했다고 고백했다. "사람이 없는 곳에서 조금이라도 음울한 음악을 들으면 밑바닥으로 추락하는 느낌이 들었어요. 기분을 되살릴 필요가 있었죠."

그 이전에 설원 속에서 버텼던 사람들은 알프레드 테니슨의 〈인 메모리암〉이나 〈율리시스〉와 같은 시를 읽었다. 이 시는 "분투하고, 추구하고, 발견하고, 굴복하지 않으리니"라는 말로 대미를 장식한다.[12] 손더스가 선택한 책은 《파이 이야기》와 《피글렛의 용기[Courage from Pigley(The Wisdom of Pooh)]》였다. 《피글렛의 용기》를 선택한 것은 이해할 수 있었다. 얼음이 깨지는 소리에 맞춰 브레이크댄스를 추고, 눈 덮인 산 아래로 정신없이 내달리고, 황량한 눈밭 위에서 창밖으로 염탐하는 척하는 이야기는 재미있을뿐더러, 다가오는 탐험을 준비하는 힘겨운 훈련으로부터 벗어난 휴식이었다.[13] 따라서 푸와 피글렛을 벗 삼겠다는 생각은 충분히 일리가 있다.

얀 마텔의 소설 《파이 이야기》는 손더스가 북극해에서 홀로 심취할 것 같지 않은 이야기다. 그러나 손더스의 인생 속에는 이 소설의 이야기가 녹아 있다. 주인공 파이는 집이 인도의 동물원 안에 있는 어린 소년이다. 그는 가족들과 함께 캐나다로 이민을 갈 것이라는 말을 듣는데, 캐나다가 마치 서아프리카의 팀북투처럼 '가도 가도 닿을 것 같지 않은' 머나먼 곳처럼 느껴진다. 그는 바다에서 아버지, 어머니, 형제를 모두 잃고 200킬로그램이 넘는 무게의 벵골 호랑이와 보트에 남는다. 손더스는 북극곰을 피하고 상상할 수 있는 가장 거친 미지의 세상을 향해 여행한다. 마텔은 파이의 생존기를 조난의 일지라고 이야기하며 파이가 떠난 여행을 다음과 같이 묘사한다. "지옥 밑바닥에 다다랐으면서도 팔짱을 끼고 미소를 머금으며 자신이 이 세상 최고의 행운아라고 생각하고 있는 사람의 이야기죠."[14] 극지의 극단적인 환경은 손더스로 하여금 좀처럼 사용하지 않는 내면의 힘을 발견하도록 부채질한다.

손더스는 이토록 힘들었던 나날들을 이야기하면서, 두려움이 밀려들었다고 고백했다. 그는 러시아 항공(KRAS라는 철자의 러시아 항공은 '크래시 에어'와 발음이 같았다)을 이용해 머나먼 북쪽의 하탄가(Khatanga)라는 지역에 도착했다. 이곳은 몇 킬로미터 정도 펼쳐진 총빙 한가운데 자리 잡은 평평하고 황량한 지역으로 약 3,500명의 주민들이 거주하고 있다. "세상의 끝은 아닐지라도, 여기에서 세상의 끝을 볼 수 있다."[15] 손더스는 여기에서 헬리콥터를 타고 동료들과 여자친구와 함께 육지가 북극해와 만나는 눈 덮인 지역을 향해 출발했다. 그들은 45분간 얼음 위에 머물면서 주변을 동영상과 사진에 담은 다음, 손더스만 남겨두고 헬리콥터로 돌아왔다. 이곳에서는 보름달이 뜨면 간만의 차가 최대로 벌어져 해안선이 초토화된다. 따라서 총빙을 걸어가는 북극 탐험가에게 보름달이 뜨는 날은 좋은 선택이 될 수 없다. 나사(NASA)는 2004년 북극의 얼음을 "공식기록을 남긴 이래 최악"이라고 묘사했다. 손더스는 다음과 같이 회상했다. "오직 헬리콥터로 달려가 문을 쾅 닫고 이렇게 말해야겠다는 생각밖에 들지 않더군요. 친구들아, 이런 상황은 미처 예상하지 못했어."[16]

그는 북극에 서 있던 당시를 돌아보았다.

인류 역사상 세 번째로 북극점을 정복한 벤 손더스

—

스코트의 남극 탐험으로부터 약 100년 후 북극점을 정복한 탐험가 벤 손더스는 이렇게 말한다.
"목표에 이르려면 몇 번씩 실패를 경험해야 한다. 오히려 험난한 환경에 굴복하고 실패를 인정
하면, 돌파구가 보이게 마련이다."

"내 목숨은 내가 책임져야 한다는 사실을 잘 알고 있었죠. 그렇지만 결국에는 좋은 기분에 휩싸였어요. '항복'이라는 단어보다 더 적합한 단어를 생각해내기 어려웠죠."

그는 바람, 추위, 고통에 저항하지 않는 과정을 이렇게 묘사했다.

이는 후크의 법칙에 따라 사는 것과 꽤 비슷하다. 후크의 법칙이란 용수철의 힘은 당기는 만큼 커진다는 법칙이다. 우리의 에너지를 전환해 최대의 힘을 발휘하려면, 항복부터 해야 하는 경우가 종종 발생한다.

왜 고통의 밑바닥까지 느껴야 하는가

나는 손더스에게 처음으로 항복에 관해 말하고 나서 2년간 고민에 빠졌다. 지구에서 가장 혹독한 지역에 속하는 장소를 헤쳐가면서 어떻게 고통에 기댈 수 있을까? 고통에 기대는 마음자세가 어떻게 도움이 될까? 나는 가라테를 통해 고통을 다루는 법을 논의하면서 손더스의 말을 더잘 이해할 수 있었다. 우리 두 사람 모두 항복이란 이러한 상태를 묘사하는 단어로 부족하다는 점을 인정했다. 항복이란 단어는 전쟁에서 백기를 들고 투항한다는 말과 동일한 의미를 지닌다. 그러나 실패라는 느낌이 여기에 깃든 고통과 함께 다가올 경우, 이를 받아들이면서(항복을 의미한다) 생기는 힘은 맞서 싸우는 것보다 더 큰 위력을 발휘할 수 있다. 손더스가 의미하는 항복이란 "네 운명을 사랑하라"는 니체의 아모르 파티(amor fati)라는 경구와 더욱 가깝다. "악마를 삼키는 당신은 악마의 힘을 가질 수 있다. 인생의 고통이 클수록, 인생이 주는 보답 또한 커진다."[17]

일본의 전통 무예인 가라테에서 힘의 근원은 전략에 바탕을 둔 무저항이다. 도망치고, 후퇴하다가 다시 등장하는 무예를 영상에서 본 적이 있는가? 가라테는 상대가 나를 집어 던지고 내가 상대의 공격을 받아 쓰러져도 더욱 안정적인 지점에 서야 하는 무술이다. 또한 발차기가 없는 것이 특징이며, 하락과 상승이라는 인생의 양면을 완성하는 원리가 깃들어 있다.

동작을 연구하고 나서 가라테가 모든 무술 가운데 가장 배우기 어렵다고 말하는 사람들도 있다. 그 이유 가운데 하나는 수천 년이 넘게 인체가 적응해온 본능을 억제하기 때문이다. 가라테에서는 내면의 능력을 유지하기 위해 위협을 느끼는 순간 심신을 이완시켜야 한다.[18] 인간의 원시적인 생존 반응은 스트레스를 받을 때 긴장하는 것인데, 단수가 6단에 이르는 미국의 유명 가라테 선수 웬디 파머(Wendy Palmer)는 이렇게 말했다. "본능적인 반응을 관장하는 부위는 '아, 긴장하지 말고 편하게 있어야지'라고 생각하는 인지를 관장하는 부위에 비해 더욱 빨리 작동한다." 그녀는 매트 위에서 동작을 가르치는 데 그치지 않고, 마음 챙김과 무예의 원리를 이룩하면 얼마나 삶이 풍요로워질 수 있는지를 가르친다. 그녀는 매트 위에 서 있을 때 원래 체구인 168센티미터 정도보다 훨씬 커 보인다는 말을 듣는다. 그녀가 자신보다 두 배나 큰 상대의 공격을 무력화하는 기술은 놀라울 정도다. 이처럼 통념을 거스르는 속성 탓에 '굴복'이 신경 경로를 통해 자연스럽게 몸에 밸 수 있도록 집중적인 연습을 반복해야 하는 것이다.[19]

가라테는 저항을 중지하면 저항의 대상에 흘러가던 힘 또한 그치게 된다는 발상을 구현한다. 던지는 사람을 나게라 부르며, 나게의 공격을 받는 사람을 우케라 부른다. 우케는 조화와 섞음을 통해 내부의 에너지를 흡수하고 변형한다.[20] 대련의 상대방은 기운을 주는 사람, 또는 받는 사람으로 묘사될 뿐이다. 가라테를 수련하는 피터 곰베스키(Peter Gpmbeski)는 힘과 힘이 만나는 복싱과 달리, 이 무술의 철학은 "벗어나느냐, 받아들이느냐를 통해 에너지를 땅으로 돌리는 것"이라고 강조한다.[21] 여기서 목표는 발차기, 지르기를 비롯해 공격자를 압도하는 반격이 아니라, '따뜻한 빛무리 속으로 들어가듯 흐르는 물처럼 흡수하고 섞어' 공격을 방어하는 것이다. 이는 '속세를 벗어나 몰입하는 것'과 비슷한, 유연하면서도 한곳에 집중하는 삶의 지혜라 말할 수 있다.[22]

항복은 인지 능력을 향상시킨다. 파머는 나에게 다음과 같은 사실을 알려주었다. 물을 채운 유리잔과 아무것도 따르지 않은 유리잔을 손에 쥐면 무게의 차이를 느낄 수 있다. 그러나 근육에 잔뜩 힘을 주고 쥔다면 그다지 차이가 느껴지지 않는다. 그녀는 이렇게 덧붙였다. "스트레스를 받으면 정보에 접근하기가 어려워집니다. 그러므로 만약 아슬아슬한 위치에 놓여 있다면, 접근 가능한 모든 정보를 얻을 필요가 있어요." 이러한 아슬아슬한 위치는 곧 갈등이라는 말과 일맥상통할 수 있다. 그러나

가라테의 창시자는 이러한 갈등을 세상의 에너지로 파악했다. 손더스에게는 이처럼 에너지를 유발하는 갈등이 북극의 바람이나 발밑에서 움직이는 빙판이었던 셈이다.

"항복을 통해 우리 내면의 힘을 끌어내고 기를 모으면서 가라테는 '현실에서의 마법'으로 탈바꿈한다." 30년간 파머와 함께 도장을 운영하고 있는 대사부, 조지 레너드(George Leonard)는 이렇게 말했다.[23] 인체 속에는 무수히 많은 빈 공간이 자리 잡고 있다. 파머는 쉬운 설명을 곁들였다. "가라테에서 공간은 상대만큼이나 중요해요. 발산되는 기가 한데 모여 기술을 좌우하게 되는 거죠." 그녀는 단음 두 개를 붙이면 소음이 되지만, 간격을 떨어뜨리면 멜로디가 된다는 비유를 제시했다. 고수들은 다가오는 기운과 '혼연일체'가 되어 이러한 기운을 거의 바꿀 필요가 없다. 이것이 바로 마법의 비결이다. 재즈의 고수들이 특정한 음을 직접 연주하지 않으면서 멜로디 속에 함축하는 것과 마찬가지다. 가라테를 보면 특별히 하는 것이 없어 보인다. 마치 "쓰러지는 상대방을 지켜보며 가만히 서 있는 것 같다." 그러나 이를 가능하게 하는 원리는 오직 항복뿐이다.

충분히 항복하면 상황이나 환경의 엄중함을 느끼고, 어떻게 여기에 대응해야 하는지를 더욱 잘 판단할 수 있다. 이러한 경지에 오른 사람들은 만성적인 고통으로부터 해방되는 경험을 종종 하게 된다. 이는 어찌 보면 우리의 직관에 배치되는 방법처럼 보인다. 일부 통증 관리 전문가들은 환자들에게 가라테 선수들의 입에서 나올 수 있는 조언을 상

폭풍우 속에서 리어 왕이 깨달은 것

—

셰익스피어의 희극 〈리어 왕〉에서 왕은 모든 걸 잃고 폭풍 속에 던져진다. 대항은커녕 추위와 바람 앞에서 자신의 몸 하나 지킬 수 없는 상태임을 깨닫는다. 이럴 때 남는 건 무엇일까. 그것은 제대로 된 굴복이다. 고통을 받아들이지 않고 안간힘을 쓰는 게 더 나쁠 수도 있다.

기시킨다.

"만성적인 고통을 두려워하고 싫어한다면 더욱 불편해질 뿐이다. 그러나 고통에 항복한다면 고통을 허락하고 몸을 이완시켜 인체가 선순환의 상태로 돌아서게 된다."[24]

이는 소설가 제임스 볼드윈이 말한 경고에 유념하는 것과 유사하다. "처음 엄습한 고통에 위축되지 말고 다음과 같은 진리를 이해해야 한다. 지극히 상식적인 생리학적 사실이다. 치통은 당신의 목숨을 살려주는 고통이다."[25] 실패를 바탕으로 뒤바꿈을 시도하려면, 실패에 따른 고통을 밑바닥까지 절감해야 한다.[26]

이 교훈은 아이슬란드에서도 쉽게 이해할 수 있다. 아이슬란드는 거의 영원에 가까운 암흑이 멈추지 않고 몇 달간 지속되지만, 주민들이 생각 이상으로 행복해 보인다. 아이슬란드의 국민 음료로 통하는 스바르티 다우이(svarti daoui)는 '검은 죽음'이라는 별명을 갖고 있다. 칼럼니스트 에릭 와이너가 '행복의 지도'를 찾기 위한 세계 일주에서 발견한 것처럼, 칠흑 같은 어둠과 그치지 않는 밤의 향연에 대처하는 비결은 '끌어안고' 싸우거나 쫓아버리지 않는 것이다.[27] 물론 이는 말처럼 쉬운 일이 아니다. 그러나 고통을 받아들이고 방치하는 것보다 안간힘을 쓰고 싸우려 드는 것이 상황을 악화시키는 경우도 있다.

셰익스피어는 〈리어 왕〉에서 에드가의 대사를 통해 이러한 지혜를 언급했다. "'지금이 최악이야'라고 말할 수 있는 한, 아직 최악은 아닌 것입니다."[28]

실패를 인정하되, 생각까지 굴복당하지는 말 것

최악의 고통을 경험한 후, 우리에게 남는 것은 무엇일까? 어쨌든 우리가 세상에 남아 있다는 사실은 변함없고, 주어진 일을 해야 한다는 것 역시 달라지지 않는다. 중요한 것은 인생에 나름의 의미가 있음을 각자가 인지하고, 내가 선택한 길을 다시 용기 있게 걸어갈 수 있어야 한다는 것이다. 다른 사람들의 눈에는 실패로 보일 수 있어도 나에게 중요한 것들을 추구하는 인생 말이다. 실패가 나에게 준 선물은 실패를 딛고 일어서지 못하면 진정한 나 자신이 될 수 없다는 지혜였다.

내 생각에 항복이란 이와 다소 비슷하다. 항복이란 나 자신을 다른 존재의 방식에 내맡기는 일이다. 실패, 좌절, 죽음이라는 사실을 인정하되, 그것에 대한 생각에만 굴복하지 않는다면 인생을 다른 시각으로 풍요롭게 살 수 있는 면허를 따는 것과 다름없다. 나는 가수 해리 벨라폰테가 들려준 그의 친구에 대한 이야기를 가끔 생각한다. 해리의 친구인 킹은 마틴 루터 킹의 아들이었다. 킹은 모든 것에 틱이라 불리는 감정 반응을 나타냈다. "그는 끊임없이 틱장애에 시달렸죠." 벨라폰테는 그가 말하는 모습을 흉내 내며, 이를 가리켜 위대한 지도자의 '결함 특색'이라 불렀다. 틱은 항상은 아니더라도, 일부 연설에서 나타났다고 한다. 킹은 그 전부터 말하기에 어려움을 겪었다. 그는 신학 대학의 웅변 수업에서 두 번씩이나 C를 받아 겨우 통과했던 아픈 기억에도 불구하고 명백한 진리의 힘을 바탕으로 국가를 이끌어나갔다. 어느 날 벨라폰테가 보니 킹의 딸꾹질이 완전히 사라져 있었다. 어떻게 딸꾹질을 극복했냐고 물어보자 킹은 이렇게 대답했다. "죽음과 화해하고 나니 그 모든 것과도 화해할 수 있겠더군요." 이후 그의 틱은 바로 사라졌다.[29]

지도자들이 고통을 해결하는 방법은 거의 논의되지 않는다. 미국 법무 장관 로버트 케네디는 그의 형, 존 F. 케네디 대통령이 1963년 세상을 떠났을 때 슬피 울며 침실에 틀어박혀 평소에 좋아하던 그리스 비극 시인 아이스킬로스의 시를 읽었다. 괴로운 감정을 받아들여 고통과 슬픔을 절감해야 극복할 수 있다는 지혜를 따른 것이다. 그의 딸 캐슬린 케네디 타운센드(Kathleen Kennedy Townsend)는 아버지의 이러한 모습을 보고 크게 놀랐다. "아버지는 이렇게 말했어요. '고통 속에 파묻혀볼 생각이야. 뭔가 끔찍한 일이 일어났다는 사실을 이해하고 싶거든.' 이로 인해 아버지는 남달리 멋진 지도자로 사람들의 기억에 남을 수 있었다고 생각해요. 왜냐하면 공직에 있는 사람들이 오랜 시간 깊은 고통에 빠져 있는 경우는 많지 않거든요. 아버지는 그러한 선택을 마다하지 않았어요."[30]

가장 큰 해악의 원천을 제압하면, 그 무엇과도 비교 불가능한 지식이 우리를 든든히 받치게 된다. "이러한 조언은 시인, 정신분석학자, 사회학자, 경제학자들에게도 생소한 것 같다. 우리는 죽지 못하기에 실패하는 것이다." 역사학자 스콧 샌디지(Scott Sandage)는 《본 루저(Born Losers)》에서 이렇게 기술한다. 이는 실패의 역사를 다룬 책으로, 19세기와 20세기 미국의 현실을 묘사하고 있다.[31] 미국의 경제학자 존 케네스 갤브레이스 또한 《불확실성의 시대》에서 죽음은 인류가 시달리는 가장 큰 불안의 원천에 속한다고 말한다.[32]

이러한 진리는 '축의 시대'에 형성된 영적 전통에도 깃들어 있다. 기원전 800년부터 기원후 200년 사이를 '축의 시대'라 부른다. 이 시절에 그리스에서는 합리주의, 인도에서는 불교와 힌두교, 중국에서는 유교와 도교가 싹텄다. 소크라테스, 플라톤, 아리스토텔레스 또한 이 시기에 활동했다. 작가 카렌 암스트롱은 이 모든 종교와 철학의 핵심에 위와 같은 진리가 깃들어 있다고 말한다. 필연적인 고통을 삶의 가장 중요한 반열에 올려놓는 것이 핵심이다.[33] 자연분만 또한 동일한 철학을 시사한다. 수반되는 고통을 물리치지 않고 받아들여야 생명이 탄생할 수 있다는 것이다. 지옥의 여왕이자 삶의 여주인인 수메르의 여신, 에레시키갈(Ereshkigal)이 항상 아이를 낳는 모습으로 묘사되는 것도 이러한 이유 때문이 아니겠는가. 삶과 죽음이 뒤엉켜 있는 데메테르의 신화와 인도의 베다 신화 또한 이러한 진리를 시사한다. 페르세포네와 데메테르의 신화에서 죽음의 신 데메테르는 농업의 신을 겸하고 있다.

물리학의 절대영도 이론에서도 동일한 맥락이 발견된다. 이 이론에 따르면 원자들이 모든 에너지와 생명력을 잃는 영점이 존재한다.[34] 자연 상태에서는 이러한 일이 일어나지 않는다. 켈빈 경으로 알려진 영국의 물리학자 윌리엄 톰슨이 이 아이디어를 세상에 발표하면서 물리학은 새로운 혁명을 맞아 열역학이라는 분야가 창설되었다. 모든 사물은 주변 환경으로부터 약간의 에너지를 끌어당기며, 그 어느 물질도 에너지가 없는 상태로 냉각될 수 없다.[35] 굴복은 이러한 개념과 일맥상통한다.

0이란 가장 신비한 숫자이다. 이 숫자는 근본적이면서 불안정하기도 하지만, 설명할 수 없는 가치를 지니고 있다. 어떤 숫자라도 0을 곱하거나 0으로 나누면 완전히 사라지므로 위협하는 성질이 있으며, 어떤 숫자이건 0을 더하거나 0을 빼면 그대로 남아 있기에 중화하는 성질이 있다고 말할 수 있다. 힌두 사회를 제외한 대부분의 문명에서는 이를 깊이 생각하기 싫은 일종의 한계로 취급해왔다.[36] 이는 긍정과 부정을, 원치 않는 것과 원하는 것을 구분하는 경계선상에 존재한다. 항복이란 0과 마찬가지로 표현하기 적합한 용어를 찾기 어렵다. 마치 지성, 통찰, 힘이 만나는 세상의 경계선에서, 부단한 노력으로 견딜 수 없는 아름다움을 창출하는 예술가의 두엔데(duende, 스페인어로 '황홀경'을 뜻한다)에 비유할 수 있다.[37]

항복을 묘사하려는 우리의 노력에도 불구하고, 삶에서 항복이 차지하는 위치를 구분한다는 것은 0이라는 숫자와 인연을 맺는 것과 비슷한 느낌을 선사한다. 잡힐 듯 잡히지 않는 이 숫자가 없다면 아무것도 설명할 수 없으며, 이 숫자를 통한 우리의 모든 생각은 무릎 위의 천 인형처럼 엉성하게 늘어진다. 이는 0이 지닌 도약의 성질에서 비롯되는 문제점이다. 높이 닿으려면 최대한 밑으로 내려가야 하는 것이다.

포기하는 것이 아니라 내맡겨라

예술가를 찾는 사람들과 꾸준히 대화를 나누는 제리 콜로나(Jerry Colonna)라는 벤처 캐피탈리스트가 있다. J.P.모건에서 일했던 이 이탈리아계 미국인은 인생의 중용을 찾고 싶은 기업가들에게 인기 만점의 카운슬러로 자리 잡았다. "상대방의 고통을 듣고 증인이 되어주기 위해 여기 있는 겁니다." 콜로나는 맨해튼 브로드웨이의 사무실에서 이렇게 말했다. 그의 태도는 겸손했으나, 날카로운 시선의 끝에서 탐구심이 넘치는 머리와 가슴을 엿볼 수 있었다. 손더스 역시 탐험을 준비하면서 감정적, 정신적으로 콜로나에게 의지하고 있다.

나로서는 두 사람의 만남이 신기했다. 손더스가 처음 콜로나를 찾아간 것은 실용적인 이유에서였다. 콜로나는 이렇게 말했다. "벤은 랜드로버의 모델로 서기에 충분한 자격이 있는 사람이지만, 연료통을 채울 돈이 없을 겁니다." 손더스는 명성을 얻거나 돈을 벌기 위해 이러한 일을 하지 않지만 그에게는 콜로나가 적합한 코치였다. "융은 우리 내면에 아직 살아보지 못한 인생이 있다고 말했죠. 성인이 되어 인생의 남은 절반을 더 편하게 느끼니, 살아보지 못한 인생을 더욱 많이 허락하게 되더군요. 사진사, 선생님, 작가, 열정에 찬 방랑자가 내 안에 살고 있었어요."[38]

그는 편안한 사무실에서 손더스가 고된 위업에서 비롯된 고통을 얼마나 의연히 받아들였고, 오뚝이처럼 일어섰는지를 말해주었다. 그의 이야기를 듣고 있으니 마치 이 세계적인 탐험가가 힘든 상황을 받아들이도록 도와주는 일이 아주 쉬운 것 같았다. "그의 인생에 나를 투영해본 다음 이렇게 말했어요. '그래, 이 세상 그 누구도 하지 못한 일인데 쉬울 리가 없죠. 놀라셨나요? 쉬운 일이라면, 오늘 이 자리에 무수히 많은 사람들이 줄을 섰을 거예요!' 이 말을 들은 벤은 새로운 시각에 눈을 뜨고, 스스로에게 더욱 너그러워질 수 있었어요." 그는 여기에서 그치지 않고 더욱 깊은 대화를 시작했다.

고통을 받아들이고 헤쳐 나가는 방법을 배우는 것은 단순한 인지의 기교가 아니다. 콜로나는 이를 강조했다. 그가 절에서 스승으로 모시는 사콩 미팜 린포체(Sakyong Mipham Rinpoche)는 이렇게 말했다고 한다.

"고통은 형벌이 아니며, 즐거움은 보상이 아닙니다. 당신 또한 실패는 형벌이 아니며 성공은 보상이 아니라고 주장할 수 있어요. 실패는 실패이고 성공은 성공일 뿐이에요. 실패와 성공에 어떤 반응을 보일지는 개인이 선택할 문제죠."

나는 실패에 대한 반응이 정말 선택의 문제에 지나지 않느냐고 물어보았다. 그는 이렇게 대답했다.

"이 경험을 재조합할 거야라고 대뜸 말하기는 어려운 일이죠. 따라서 신중할 필요가 있어요. 정말 필요한 건 일종의 극단적인 자기 회의라고 할 수 있어요. 용감하게 거울을 봐야 보기도, 인정하기도 싫은 못생긴 얼굴을 있는 그대로 의연히 받아들일 수 있는 거죠. 내가 보고 싶은 바람직한 모습에만 집착하면 곤란해요. 내면으로의 집중을 위한 기초로 삼고 이를 쌓으면 평정이 솟아오르죠. 손더스는 이러한 사례의 극단을 보여주고 있어요."

그가 말을 마치자, 손더스의 말이 전광석화처럼 뇌리를 스쳤다. 손더스는 콜로나가 페마 초드론(Pema Chödröns)의 《모든 것이 산산이 무너질 때》라는 책을 권했다고 말해준 적이 있다. 손더스는 "중심에서 벗어난 불확실한 상황"을 받아들이라는 저자의 메시지에 깊이 공감했다.[39] 북극해에서 그의 생존을 책임질 수 있는 사람은 오직 그 자신뿐이었다. 그러나 유빙을 비롯해 그의 의지 밖에 있는 변수가 너무나 많았다.

"내가 할 수 있는 것들에는 너그럽고, 내가 할 수 없는 것들은 무시하는 요령을 배워야 했죠." 손더스는 이렇게 말했다. "내가 바꿀 수 없다면, 걱정할 필요가 없는 거죠." 발밑에서 끊임없이 움직이는 땅처럼 극단적인 경우라도 마찬가지다.

관심을 둘 만한 것들이 넘쳐나 다양한 생각을 품을 수 있는 오늘날, 고통스러운 장소에서 도망치기란 쉬운 일이다. 웬만해서는 피했으리라 예상되는 위치에 서고, 불가능하리라 여겼던 방법에 손을 뻗칠 수 있는 비결은 무엇일까? 굴복이라는 것을 어떻게 연습할 수 있을까? 실패를 인식하는 것, 낮음을 받아들이는 것이 그 비결로 작용할 수 있다.

손더스가 여행자가 된 것은 순전한 우연이었다. 샌드허스트를 떠난 그는 마라톤을 시작하면서 자신이 극한 스포츠를 좋아한다는 사실을 깨

닿고 또 다른 마음속 영웅, 리즈웨이를 찾아 나섰다. 리즈웨이는 1966년 나무배를 타고 대서양을 횡단한 전직 장교로 모험 학교(School of Adventure)를 운영하고 있다. 스코틀랜드의 하일랜드에 있는 모험 학교는 아웃워드 바운드(모험을 통해 청소년들에게 강한 정신력과 사회성을 가르치는 국제기구-옮긴이)와 비슷하게 기업 고객들을 상대로 리더십 발전 과정을 제공한다. 손더스는 대학 입학식을 앞두고 리즈웨이의 캠프에서 일하며 아버지와도 같은 인물로부터 인생을 배웠다. 리즈웨이는 자신의 경험을 활용해 다른 사람들의 잠재력을 끌어내는 탁월한 능력이 있었다. 그의 경험을 들은 사람들은 자신 내면의 잠재력을 다른 시각으로 바라보게 되었다. 그래서 "말도 안 되는 소리야. 그게 되겠어?"가 아닌, "못 할 이유가 없지"라는 말을 들은 순간 손더스는 북극 여행에 도전할 진지한 계획을 세우기 시작했다.

우선 그가 '걸음마'라고 생각하는 단계부터 시작했다. 2001년, 노련한 탐험가 펜 해도우(Pen Hadow)와 함께 북극을 걸어본 것이 첫 번째 시도였다. 당시 21세였던 손더스는 북극 정복을 시도한 최연소 탐험가였다. 결과는 거의 성공이나 다름없었다. 그는 껄껄 웃으며 영웅이 금의환향하는 엉뚱한 상상을 해보았다고 말하면서, 유니언잭을 흔들며 히드로 공항에서 자신을 환대하는 인파의 모습을 묘사했다. 그러나 막상 현실에서는 북극에 닿고자 하는 꿈이 사라져간다. 손더스는 북극점으로 향하다 말고 훈련이 부족하다는 사실을 깨달았다. '실수 백과사전' 같은 상황이었다. 둘째 날에는 북극곰이 그들을 공격했으며, 한쪽 발가락에 동상이 생기고

8주 만에 체중이 13킬로그램 정도 빠지는 어려운 상황이 계속되었다. 그 해에는 위성 전화를 구입할 여유가 없어서 스키 폴을 고주파 라디오 안테나로 삼다 보니 두 달간 세상과 닿은 시간이 두 시간을 넘지 못했다. 설상가상으로 너무 늦게 출발해서 얼음이 녹을 정도로 기온이 오르기 전에 북극점까지 갈 수가 없었다. 그들은 640킬로미터를 걸어왔고 남은 거리는 320킬로미터 정도였다. 계획된 여정의 3분의 2를 달성한 시점에 러시아인 조종사가 와서 그들에게 지금 돌아가지 않으면 살아남을 수 없다고 말했다.

어머니의 집으로 돌아온 손더스는 영양실조 상태였다. 왼쪽 엄지에 생긴 동상은 회복이 불가능할 것 같았다. 그는 고등학교 때 처음 일했던 스포츠 용품 센터에 다시 출근해 스폰서들에게 빚진 돈을 갚아야 했다. 이당시 그의 친구들 가운데 상당수는 장교 임관을 받은 상태였다.

익숙한 거실에 놓인 꺼진 소파에 앉아 낮 시간 TV 프로그램을 시청하는 일은 탐험가들이 가장 혐오하는 일에 속한다. 그가 이렇게 망가져 있을 때 동생이 〈심슨〉의 대사를 인용해 문자 메시지를 보냈다. "넌 최선을 다했고, 비참하게 실패했어. 교훈은 바로 이거야. '절대 시도하지 마라.'"[40]

그의 인생은 꼬이고 비틀대기 시작했다. 누가 봐도 그는 패배자였다. 무수히 많은 사람들이 대놓고 추궁할 수 있었다. '대체 무슨 생각으로 그렇게 무모한 짓을 한 거니?' 그는 우울증이 생겼고, 영국인으로서 말하기도 부끄러운, 자신이 생각하기에도 실패에 불과한 결과에 실망했다.

바람에 굴복하면 바람에 몸을 실을 수 있다

—

굴복이란 포기가 아니라 내맡기는 것이다. 인생의 벼랑에서도 스스로를 내맡기고 의지할 바람
만 찾는다면 또 다른 기회를 찾을 수 있다.

그는 몇 주간을 기죽어 지낸 다음 이렇게 고백했다. "이번 일로 오직 패배감만이 밀려들더군요."

그러나 내면의 무언가가 흔들리기 시작했다. "2001년도와는 완전히 달랐어요. 그때는 '다음 도전은 뭐지?'라는 생각부터 들었거든요." 이 시점이 정확히 언제였는지는 모르지만, 곧 다음과 같은 깨달음이 찾아왔다.

"치명적인 실패가 아니야. 다양한 의미에서 엄청나게 많은 경험을 쌓았어. 이런 경험은 쉽게 얻을 수 있는 게 아니지. 처음으로 시도하면서 나와 같은 도전을 생각한 이 세상 누구보다도 더 많은 기술을 쌓았을 거야. 아직 이루지 못했어. 그래서 다시 갈 거야. 꼭 끝낼 생각이니까."

오래전, 전성기를 구가하던 탐험가들은 아직 달성하지 못한 것들에 얼마나 큰 힘이 깃들어 있는지를 알려주었다. 가장 철저히 준비한 탐험가들도 아슬아슬하게 실패를 맛보았으며, 성취 직전의 실패는 남은 사람들에게 더욱 강력한 동기를 제공했다. 해군 탐험가 조지 네어스(George Nares)는 이렇게 말했다. "우리가 북극 정복이라는 희소식을 가져오지 못한 것은 사실이에요. 그러나 이를 아쉬워하는 사람들은 이번 실패가 모든 인류의 마음속에 탁월함에 대한 열망을 더욱 깊이 심었다는 데 위안을 받을 겁니다."[41]

우리는 미완성의 상태에 안달하도록 성장해온 것 같다. 아프리카의 속담이 말해주듯, 우리는 아침 시간에 저녁 식사를 하고 싶은 존재다. 소비를 위해 만반의 준비를 갖추고, 즉시 손에 넣을 수 있는 것을 희구한다.[42] 이렇듯 즉각적인 것에 끌리는 우리에게 오랜 기간 미완성의 과제를 붙잡고 씨름하는 힘은 어디에서 나오는 것일까? 우리는 이러한 힘에서 다음과 같은 시사점을 얻을 수 있다. 인간의 분투는 내면에 깃든 불굴의 무언가를 끌어내며, 마무리가 미비한 일들, 예컨대 탐험을 완수하지 못하거나 혈통을 계승하지 못하는 것을 부자연스러워한다는 사실이다. 이러한 힘은 미처 예상하지 못한 곳에서 비롯된다.

소설가 E.M. 포스터는 1911년 《북극의 여름(Arctic Summer)》의 집필을 시작했으나 끝을 맺지 못했다. 이 소설은 제목을 통해 '모든 것이 가벼운 시기'라는 의미를 표방하며, 지금 나에게 닥친 계절을 있는 그대로 받아들이라고 요구한다.[43] 굴복이란 포기하는 것이 아니라 내맡기는 것이다. 유명 시인 헨리 워즈워스 롱펠로는 다음과 같은 문장을 남겼다. "누가 뭐래도, 비가 올 때 할 수 있는 최선의 선택은 비가 들이치도록 놓아두는 것이다."[44]

미국 남서부의 일부 지역에서는 기온이 내려가면서 따뜻한 치누크 바람이 분다. 이 바람은 워낙 강력해 몸을 90도 가까이 기울이고도 바람에 의지해 서 있을 수 있다. 이처럼 든든하고 자비로운 바람 또한 항복에서 비롯되는 힘인 셈이다. 지옥불로 떨어질 것 같은 인생의 벼랑에서도, 의지할 바람을 종종 찾을 수 있다.

굴복이 우리 인생에 미치는 영향을 가늠할 길은 없다. 직접 경험해보아야 효용을 깨닫기 때문이다. 아슬아슬한 실패를 비롯해 온갖 실패에서 비롯되는 고통을 경험하고 나서야 많은 것을 품고, 끌어오고, 승리하도록 스스로의 한계를 깨뜨릴 수 있다.[45]

4장

행동 법칙 4 — 심미적 동력

높은 이상향을 만드는 상상력의 힘

모든 변화는 아름다운 이미지를 동반한다. 미국의 노예 해방 운동가들은 인간적인 삶을 살 권리를 말하면서 '새로운 자유'를 상상하라고 설득했다. 이 자유는 아름답고 즐거운 모습을 떠올리게 한다. 이러한 심미적 동력이야말로 이성과 논리로 무장된 현실의 벽을 허물 수 있는 것이다.

．

"아름다움에 매료된 의식은
곧바로 무언가를 창조하고 무언가를 회상하기 시작한다."

— **일레인 스캐리**Elaine Scarry

미국 역사상 최악의 실패가 대중들의 현실 속으로 파고들었다. 국가를 찢어놓은 남북전쟁에서 성인 남성 네 명 중 한 명꼴로 목숨을 잃었던 것이다.[1] 사람들은 보스턴의 트레몬트 사원에 모여 진정한 연방을 향한 길이 무엇을 의미하는지 듣고자 했다. 대중들은 연설을 경청했다. 이 연설을 펼친 주인공이 바로 그 누구도 범접할 수 없는 '활화산과 같은' 웅변가, 무늬로 보아서는 아닐지라도 영향력에서는 미국 최고로 인정받을 수 있는 정치가, '선지자'에 비견할 명성을 얻은 연설가 프레더릭 더글러스였기 때문이다.

그가 옹호한 법안들은 모두 통과되었다. 연방 내의 모든 노예를 해방시키고, 흑인들을 연방군의 일원으로 받아들이고, 대통령의 이름

으로 노예 해방 선언을 발표하는 법안 등이 그 실례였다.[2] 그가 스물
세 살을 맞은 당시 웅변가들은 스포츠 스타와 비슷한 존재였고, 연단
은 곧 복싱의 링과도 같은 공간이었다. 그러나 그의 의지, 기술, 스타
일, 솜씨는 워낙 탁월해 어느 저널리스트는 "평범함을 거부하는 연
설가로, 영웅이라는 표현을 들어도 손색이 없다……비견할 수 있는
상대를 찾기 힘들다"라고 극찬할 정도였다.[3] 그 또한 자신이 옹호하
려는 정책들이 대중들의 예상을 벗어나리라는 사실을 알고 있었을
것이다. 그러나 그는 행동을 주저하지 않는 인물이었다. 재선되기 전
까지만 해도 참모들 사이에서 실패한 대통령으로 생각되던 에이브
러햄 링컨은 그에게 노예 해방의 문제에 대한 조언을 구했다. 두 시
간에 이어진 일대일 대담에서, 링컨은 그에게 다음 사항을 요구했다.
만일 노예제의 폐지 없이 전쟁이 끝난다면 직접 지하 철도 조직을 진
두지휘해 노예들을 북쪽으로 데려가라는 요청이었다.[4] 트레몬트 사
원에서의 연설은 지금까지의 연설과 비교해볼 때 하찮아 보였지만,
그는 아무리 전쟁 중이라도 노예 해방, 노예 탈출의 '밑그림'에 깃든
힘과 이러한 밑그림이 북돋는 더 넓고 야심찬 계획이야말로 불가능
해 보이는 목표를 성공시키는 길이라고 확신했다.[5]

사실 사람들은 상상 속의 미국에 찬송을 바치기보다, 남북전쟁이
연방을 얼마나 난도질하는지 듣고 싶었다. 그 누구도 연설의 내용이
국가의 뼈대를 수정하기 위해 무엇이 필요한지에 초점을 맞추리라
고는 예상하지 못했다. 그래서 더글러스의 연설을 듣는 내내 어색하

고, 상상하기조차 어려워 보였는지도 모른다. 하지만 연설은 성황리에 진행되었으며, 청중들은 그의 말에 빠져들었다. 실패할 것만 같았던 그의 연설이 완벽한 성공을 이룬 이유는 무엇이었을까?

그는 자신의 연설과 청중의 생각 차이를 절묘하게 파고들었다. 혹여 예상과 반대되는 것이라 하더라도 자신을 이끄는 그림을 접하는 순간, 우리에게는 인류애를 펼치고 상상의 힘을 통해 내면의 이상을 불사를 막강한 힘이 솟아난다. 이처럼 내면의 '그림을 그리는 능력'은 예술적 사고 및 상상력과 일맥상통한다. 더글러스는 이러한 능력 덕분에 우리의 틈새, 즉 실패를 정확히 볼 수 있다고 주장하며 그 능력을 '삶의 현실과 대조되는 삶의 그림'에 비유하는 동시에 "인간성을 형성하는 모든 특질은 이 한 가지 재능, 이 한 가지 능력에서 비롯된다"라고 말했다.[6] 실제로 '현실과 이상을 구분하면서' 비판적 사고가 등장했고, 이에 따라 노예 제도, 불평등, 온갖 불의를 비판할 수 있게 되었다.[7]

노예 해방가 프레더릭 더글러스의 마음 훈련법

보스턴 트레몬트 사원은 인종 차별이 없는 교회로, 더글러스는 여기에서 한 블록 떨어진 보스턴 코먼스(Boston Commons)에서 노예 해방론자 존 브라운의 처형 1주년 기념 연설을 한 적이 있었다. 또한 1863년 1월 1일,

더글러스는 이 사원에서 링컨이 노예 해방 선언에 서명했다는 소식을 유선상으로 들었다.[8] 링컨 또한 브라운, 노예 해방론자 윌리엄 로이드 개리슨 등 당대의 노예 폐지론자들이 연설했던 이 교회의 연단에 선 적이 있었다. 1861년 초에 남북전쟁이 발발하면서 많은 사람들이 목숨을 잃었다. 우리는 당시 더글러스의 목소리가 우렁찼는지, 차분했는지 알지 못한다. 그러나 여성운동가 엘리자베스 케이디 스탠턴의 기억에 따르면 그는 미국이 분열되는 갈등과 다소 동떨어져 보이는 핵심 역할에 연설의 초점을 맞추었고, 청중들은 그의 연설에 '사로잡혀' 온통 조용했다.[9]

더글러스는 과학자들의 증명에 한발 앞서 예술이 지닌 힘에 대해 주장했다. '삶의 수수께끼, 발전의 수수께끼를 푸는 열쇠'는 현실 또는 의식에 그림을 그린 다음, 자신의 세상, 자신의 감정, 다른 모든 생명체의 시각에 영향력을 행사하는 것이었다.[10] 그러고 나면 현실의 그림, 의식 속의 그림을 불문하고 가장 소박한 이미지조차 조용히 있기를 거부한다. 그림은 이렇게 마치 음악처럼, 언어와는 전혀 다르게 심금을 울릴 수 있었다.

더글러스는 우리가 마음속에 그린 그림을 통해 발전을 이룰 수 있다고 말했다. 그는 인생의 여정을 쉴 틈 없는 발전의 동력과 대비시키며, 올바른 시각으로 바라본 '인간의 정신'을 미술 전시관 혹은 장엄한 파노라마로 묘사했다.[11] 개인의 삶에 미치는 심미적 동력이 삶에 얼마나 큰 영향을 주는지를 가장 먼저 확언한 사람이 바로 이 유명 연설가이자 노예 해방론자였다.

그가 이러한 말을 했다는 사실보다 말한 시점이 언제였느냐가 더욱 놀랍다. 상상하기 어려운 재정적 위기와 분열이 거듭되고, 전쟁터에 피가 흥건한 시기였다. 더글러스는 1863년 8월 백악관에서 링컨과 처음 만났다. 더글러스는 미리 약속도 하지 않고 무작정 기차를 타고 와 일주일을 기다린 것처럼 보이는 손님들과 같이 앉았다(실제로 일주일을 기다린 사람들도 있었다). 더글러스는 자신이 도착했다고 적은 카드를 위층으로 올려 보냈다. 링컨은 지체 없이 그를 맞이했다. 남북전쟁을 이끈 대통령은 더글러스를 "미국에서 가장 훌륭한 인물은 아닐지라도, 가장 훌륭한 인물에 속하는 사람"이라고 생각했다.[12]

노예 해방 선언을 발표한 날 저녁, 법적으로 자유인과 노예 사이의 경계가 사라지면서 미국은 그 어떤 법률도 바로잡지 못했던 또 다른 정의에 초점을 맞추었다. 이 정의는 다름 아닌 꿈과 현실을 좁힐 수 있는 능력이었다.[13] '자수성가한 사람'이라는 오래된 단어는 노예제의 폐지로 평등과 자유라는 두 가지 핵심 가치가 국민들의 삶에 깃들면서 새로운 도전을 맞닥뜨렸다. 실제로 링컨은 노예제의 폐지를 통해 '새로운 자유'가 탄생했다고 표현했다.[14]

자유인과 노예의 경계가 사라지면서 대외적인 '성공과 실패'에 더 큰 부담이 생겨났다. 경제적 지위가 아닌 인간성, 소속된 집단, 장래의 희망 등이 성공과 실패를 구분 짓는 기준으로 자리 잡기 시작했다.[15] 그러자 더글러스는 국가적 정의에 한정하지 않고, 조화(reconciliation)가 개인의 삶에서 어떤 의미를 갖는지 말하기 시작했다.

더글러스는 삶의 여정이 "같은 과녁을 겨냥해 같은 지점에서 발사된 천 개의 화살"과 닮았다고 주장했다. 시위를 떠난 화살은 공중에서 분산된다. 시위를 떠나기 전에는 한데 뭉쳐 있다가 시위를 떠난 후에는 제각기 움직이므로 과녁을 향해 똑바로 나아가는 화살은 소수에 그친다. 보이는 것과 추구하는 것의 차이를 메우느냐, 그렇지 못하느냐가 핵심이며, 심미적 동력이 이러한 차이를 메우는 경우가 비일비재하다.[16]

심미적 동력은 '반하고(stunned), 눈이 부시고(dazzled), 감격했다(knocked out)'라는 표현으로 묘사되며, 우리를 변화시킨다는 뜻을 담고 있다. 심미적 동력에 압도되면 심장이 두근거리고, 입이 벌어지며, 놀라서 숨이 가빠지기도 한다. 이러한 힘이 중요한 이유는 에너지를 발산하기 때문이다. 이 에너지는 한자리에 머무르지 않고 그것을 향유하려 드는 모든 사람들에게 각종 형태로 투사되며, 우리들 자신을 바로잡거나 과거와 미래를 어우르는 정의의 한복판에서 실패를 받아들이도록 도와준다. 그러나 우리들은 아름다움에서 풍기는 가벼운 느낌 탓에 이러한 힘의 존재를 망각하곤 한다. 심미적 동력에 깃든 감정의 힘은 우리들을 인도하는 가장 강력한 도구이다. 이러한 힘은 이성과 논리로 무장된 벽을 부드럽게 넘을 수 있다.

아리스토텔레스는 논쟁만으로는 인간을 계몽하기 부족하다고 말했다.[17] 여신 사이렌의 노래에 이끌린 오디세우스에서 드러나듯, 이성이 우리를 완전히 지배하지는 않는다. 예일대 철학교수 타마르 젠들러

사이렌의 매혹적인 노래는 무엇을 알려주는가

—

그리스 신화에서 오디세우스는 사이렌의 유혹을 이기기 위해 부하들에게 자신의 몸을 결박하라고 명령했지만, 돌이켜보면 이미 그는 사이렌의 노래를 듣고자 결정했던 것이었다. 그만큼 아름다움, 감동, 매혹에 대한 욕망은 이성적인 판단을 뛰어넘는다.

(Tamar Gendler)는 이성적이지 못한 판단이 어떻게 우리의 일상을 지배하는지를 다음과 같은 예를 들어 설명한다. 콜로라도 강의 급류 위로 솟구친 그랜드캐니언의 꼭대기에는 투명 플라스틱으로 만든 발판이 설치되어 있다. 이성적으로는 이 위에 서도 안전하다고 생각하지만 '시신경의 자극'에 영향을 받아 떨리는 듯한 생리적 감각을 느끼게 된다.[18]

소설가 주노 디아스는 "우리 모두는 우리 자신의 모습대로 형성된 특권 주위에 사각지대를 두고 산다"라고 말했다. 이러한 사각지대가 생기면 모든 실패를 제대로 볼 수 없다.[19] 그 결과 아인슈텔룽 효과를 초래하게 된다. 아인슈텔룽 효과란 승리의 대가라는 말로 요약할 수 있다. 지금껏 성공적이던 방법이 더 이상 먹히지 않는 시점이 도래하는데, 승리에 취하면서 이러한 시점을 파악하는 능력이 훼손되는 것이다. 사면초가의 상황에서 실패하는 사람들은 이성적으로 돌파구를 찾기가 힘들어진다. 유희를 즐겨야 피난처에 안착한 듯 주변을 새로운 시각으로 바라볼 수 있다. 아름다움이 북돋은 상상력은 우리를 경지로 인도해 새로운 자아를 발견하도록 도와준다.

아름다움과 즐거움이 안겨주는 엄청난 변화를 느껴라

우리가 심미적 동력에 직관적으로 보이는 반응은 발밑에서 움직이는 땅을 순순히 받아들이는 것과 비슷하기 마련이다.[20] 건축가 루이스 칸은 이렇게 말했다. "예술이란 모든 만물 가운데 가장 알기 어려운 자기 자신을 향한 여행이다. 그 누구도 자신만의 한계를 알지 못한다." 심미적 동력은 인생의 비전을 바꿀 수 있다. 우리는 무언가에 놀라면 이미지를 떠올려 사실로 착각하게 된다. 아카데미상을 수상한 특수 효과 감독 로버트 레가토(Robert Legato)는 마틴 스코세이지의 영화 〈휴고〉와 〈디파티드〉에서부터 제임스 캐머런의 〈타이타닉〉에 이르기까지, 각종 피처 필름을 제작하는 과정에서 이러한 현상을 발견했다.

레가토는 매 순간의 강력한 영상을 활용해 역사적 사건을 그려내지만, 사실을 충실하게 재현하지는 않는다. 그는 현장에 있던 사람들이 보고, 느끼고, 경험했다고 믿는 기억을 바탕으로 영상을 규합한다. 그는 관객들이 영상에 어떤 반응을 보이는지 궁금해졌다. 놀라게 하고, 찌르는 듯 강력한 감정을 유도하려는 장면에서 정말 그런 반응을 보일까? 레가토는 실험 삼아 한 우주 비행사와 이 주제를 두고 대화를 나눴다. 그는 론 하워드가 메가폰을 잡은 영화 〈아폴로 13호〉의 장면을 제작하면서 사실과 부합하는지 확인하기 위해 아폴로 호의 일곱 번째 여행에 참가했던 우주 비행사를 초빙했다. 우주 비행사는 가공된 장면과 붉은색 지지대 팔이 궤도에서 이탈해 회전하는 셔틀의 실제 발사 장면을 동시에 시청했다. 그러나 두 장면 모두 그의 기억과 '배치되었다'. 레가토는 이렇게 말했다. "열정, 경이감, 애정이 결부되면 보이는 것 또한 달라지며, 우리의 기억에도 영향을 미칩니다."[21]

하버드 대학교의 심리학자, 대니얼 샥터(Daniel Schacter)는 기억을 연구하고 있다. 그의 연구는 기억의 기제에 대한 우리의 인식을 바꿔놓을 것이다. 그는 기억이란 단순히 과거를 기록하는 것이 아니라 "미래를 상상하기 위해 과거를 활용하는 정신 작용"이라고 설명한다. "기억이 지닌 융통성 덕에 우리는 현실과 상상이 뒤섞이는 약점에 노출된다."[22] 이는 곧 '틀린 기억'으로 귀결되며, 레가토 역시 이러한 현상에 놀라움을 금치 못했다. '긍정으로의 쏠림'에 깃든 요소들은 객관적인 현실보다도 더 긍정적이고 더 인상적인 것들을 기억하고 싶은 성향으로 드러난다. 이를 보면 많이 놀랄수록 세상을 보는 시각 또한 변하기 쉽다는 사실이 명확히 드러난다.

최근 조녀선 하이트나 사라 알고에(Sara Algoe)와 같은 심리학자들은 경이감이나 상승의 느낌이 어떻게 구조적으로 너그러움과 이타심으로 귀결되는지를 가늠하기 시작했다. 그들이 보기에 이러한 현상은 '광대함'을 느끼면서 가속되는 것 같았다.[23] 플라톤 이후로 철학자들은 아름다움에 대한 반응이 의식의 방어 본능과 어떻게 양립할 수 있는지를 고민했다. 2000년 전 서기 1세기, 롱기누스(Longinus)는 이성적인 '설득'이 아닌 '고양된 언어'에 감동하는 순간 '이동'과 유사한 모종의 현상이 일어난다고 생각했다.[24]

톨스토이 또한 약 100년 전에 같은 진리를 설파했다. 그는 예술에 대한 반응은 법원, 경찰, 자선 기관, 공장과 같은 외부의 잣대로는 잴 수 없는 것들을 재는 대리자를 갖는다고 말했다.[25] 톨스토이, 시인 존 키츠, 예술 비평가 마이클 브렌슨(Michael Brenson)은 "심미적 반응은 기적과도 같다. 이 반응을 경험하는 순간 물밀듯이 밀려온 생리적, 사회적, 역사적 정보들은 평생을 생각해도 풀리지 않는 하나의 실타래로 얽히게 된다" 라고 말했다.[26] 우리는 몇백 년이 지난 지금에도 그들의 말을 실감한다.

텍사스 오스틴 출신의 소년, 찰스 블랙 주니어(Charles Black Jr.)는 1931년 그의 고향에 있는 드리스킬 호텔의 친목회에 가야겠다고 생각 하던 중 한 가지를 깨달았다. 당시 16세에 불과했던 그는 총 4부로 구성 된 댄스파티의 1부에서 생전 처음 보는 장면에 눈을 뗄 수가 없었다. 그 의 말마따나 '지금껏 존재하지 않던' 음계, 해석, 정서, 시구를 전혀 모르 는 재즈 트럼펫 연주자가 거의 두 눈을 감은 채로 펼쳐내고 있었다. 그 의 음악은 마치 '세상 모든 것들을 압도하는 것처럼' 들렸다. 그는 오스 틴 고등학교를 같이 다니던 '착한 선배'와 같이 있었고, 그 소년 또한 똑 같은 느낌에 휩싸여 안절부절못하는 기색이었다.

발밑이 울릴 정도로 연주 소리는 커져갔고, 그의 선배는 마치 귓가에 울리는 음악소리를 떨쳐내려는 듯 고개를 흔들며 자리를 떠나지 않았 다. 꼭 무아지경에서 벗어나려 안간힘을 쓰는 것 같았다. 그러나 찰스 블 랙 주니어는 그 순간에도 확신을 버리지 않았다. 블랙은 이렇게 말했다. "루이 암스트롱, 이 트럼펫의 제왕을 쳐다보면서 내가 드디어 천재를 처 음 두 눈으로 목격했다는 생각이 들었어요." 이 천재는 어릴 적부터 자 괴감에 시달리던 블랙의 자아 속에 자리를 틀었다. 이는 '엄숙한' 순간이 었다. 블랙은 '천재'를 멍하니 지켜보았고, 이 천재는 정말로 모든 힘, 모든 높낮이와 깊이를 정교하게 조절하며 잠시도 쉬지 않고 곡 전체를 지배하고 있었다. 이와 동시에 블랙은 '동질감의 결여'에서 비롯된 괴리를 직시하기 시작했다. 그는 힘과 서정을 듬뿍 담아 연주하는 암스트롱 덕에 "눈을 크게 뜨고 새로운 선택을 고민하게 되었다"라고 말했다. 인류애의 관점을 좁히느냐, 넓히느냐의 문제를 두고 후자를 선택한 그는 뒤를 돌아보지 않고 전진했다. 이처럼 전진을 위한 확실한 선을 긋는 동시에 선택 가능한 대안 또한 마련하는 것이 심미적 동력이 주는 선물이다.

훗날 블랙은 "이날부터 브라운 사건에 매진하는 발걸음이 시작되었다"라고 자평했다. 블랙은 공립학교의 흑인 입학 거부로 시작된 브라운 대 교육위원회(Brown v. Board of Education) 사건의 변호 팀에 참가했고, 이 사건에서 연방 대법원은 만장일치로 인종 분리 정책을 불법이라고 판단했다. 이로서 블랙은 미국에서 가장 저명한 헌법 변호사의 반열에 오를 수 있었다.[27]

삼엄한 경비 앞에 등장한 불청객처럼, 심미적 동력은 스스로를 바로 잡도록 인도하는 긍정적 효과에도 불구하고 '매몰차게 거절당할' 수 있다.[28] 심미적 동력은 사람들이 나름의 모습으로 형성한 정의 속에 생명력을 숨긴다. 블랙은 이러한 진리를 결코 잊지 않고 컬럼비아와 예일 대학에서 암스트롱의 연주를 듣는 야간 행사를 매년 개최했다. 그는 이 행사장에서 헌법을 강의했는데, 정의를 실현시킨 예술의 힘을 기리고, 그의 내면과 인생을 변화시킨 위인을 기념하기 위해서였다. 멜로디, 노랫말, 시를 불문하고 우리를 이러한 경지로 이끄는 모든 것들은 그 무엇과도 비교할 수 없는 촉매의 효과를 지닌다. 블랙에게는 재즈가 이러한 촉매제였다. 재즈 또한 블루스를 위시한 여느 미국의 전통음악처럼 소망을 구현하는 예술의 선상에 있기 때문이다. 비통한 노래의 선율은 좋은 시절이 오리라는 믿음을 제시하며, 쓰고 달콤한 음조를 통해 역경에 맞서 극복하는 것이 유일한 돌파구라는 교훈을 되살린다.[29]

"그림에도 노래와 비슷한 힘이 있어요." 프레더릭 더글러스는 이렇게 말했다. "국가를 만드는 임무가 나에게 주어진다면 법을 누가 만들든 상관하지 않을 거예요." 앞으로 전진하기 위한 기초를 갖추려면 두 가지 경험이 수반되어야 한다. 우선은 망가진 바탕을 바로잡아야 하는 상황에 처해야 하고, 그다음에는 실패로 꼬인 현실 속에서 헤매야 한다. 이로서 우리의 열망은 배가되기 마련이며, 온갖 사회적 정의는 비평과 반론보다는 우리를 끊임없이 괴롭히는 것, 가까이하고 싶지 않은 것, 현실과 이상의 괴리와 같이 실패처럼 보이는 것들과 싸우면서 자리를 잡는다. 되돌릴 수 없이 거듭난 비전이야말로 우리가 이러한 골을 건너기 위해 마련한 무기이다.

아름다움을 접하면서 세상을 바라보는 눈이 완전히 바뀌는 순간, 얼마나 많은 움직임이 태동할까? 노예 매매에 마지막 결정타를 날린 것은 논리적인 반박이 아니라 한 노예 폐지론자가 그린 그림 한 장이었다. 런던에서 전시된 〈노예선의 묘사〉라는 제목의 이 그림은 영국 노예선 브룩스 호의 비인간적인 현실을 자세히 묘사했다. 이 그림에서는 어떻게 이 배가 법적으로 허용된 454명의 남녀노소를 싣는지를 통계적으

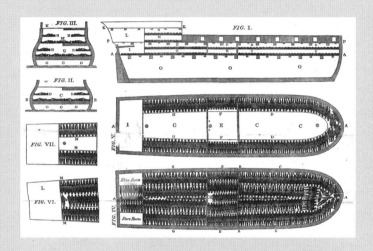

딱딱한 설계도 한 장이 폭발적인 감정을 불러 일으키다

—

그림 한 장이 긴 말이나 글보다 더 강할 때가 있다. 1789년 런던에서 전시된 〈노예선의 묘사〉는 그림이라기보다 마치 단순한 설계도같이 보이지만, 좁디좁은 배에 수많은 사람들을 가두어 놓은 비인간적인 현실을 폭로하는 데 훨씬 더 효과적이었다.

로 그려냈다(실제로는 그보다 훨씬 많은 740명을 실었다).[30] 현실과 의식이 만든 이미지의 현격한 차이는 제도를 폐지할 정도로 인내의 한계를 넘어섰고, 의회 청문회에서 노예 제도의 비인간성을 증명하는 명백한 근거가 될 수 있었다.

많은 사람들이 1968년 아폴로 8호에서 촬영한 〈어스라이즈(Earthrise)〉를 보고서 경이감에 사로잡힌 결과 환경 운동에 힘이 실리게 된 것도 이와 마찬가지이다. 링컨은 유명한 사진작가 칼턴 왓킨스(Carleton Watkins)가 촬영한 요세미티 계곡 화강암 절벽 사진을 보고서 1864년 요세미티를 국립공원으로 지정하는 문서에 서명했다.[31] 현대인은 공적인 삶을 추구하면서도 사적인 삶을 포기할 수 없다. 이러한 이미지는 사적인 삶에 깊이 박혀 있으므로 탄압을 받은 시인이 감옥에 갇히고, 시집이 금서로 지정되기 전까지 잊고 살기 마련이다. 이미지가 지닌 힘은 정의를 향한 직선로를 열어주고, 이러한 힘의 작동 원리는 내면의 변화를 촉발한다.

이는 미완성의 아쉬움에서 비롯되는 현상과 유사하다. 심미적 동력에 압도되면 지금껏 나는 불완전한 존재였다는 생각에 동기가 솟구치며 우리의 시각과 판단을 교정해야 한다는 깨달음을 얻게 된다. 또한 이러한 순간은 심미적 동력 덕분에 '탄력'과 '가소성'을 지니게 된다. 유명 비평가이자 하버드 대학 영문과 교수인 일레인 스캐리는 아름다움이 좌우하는 동력을 이렇게 기술했다.

"아름다움에 매료된 의식은 곧바로 무언가를 창조하고 무언가를 회상하기 시작하며, 이 과정에서 출발점을 둘러싼 한계를 발견한다. 물론 발견할 수 있는 한계가 존재해야 하겠지만……."[32]

상상할 수 있는 것만 현실이 된다

오늘날 우리는 이미지에 둘러싸인 세상에 살고 있다. 이러한 세상에서 심미적 동력은 그 존재가 자명하고 쉽게 무시될 수 있어 이를 깨닫지 못한 채로 살아가기 쉽다. 우리는 부지불식간에 이 동력을 한껏 향유하며 인생을 헤쳐 나간다. 더글러스가 심미적 동력의 의의를 주장한 당시는 이러한 힘을 잊고 살기 어려웠다. 사진, 현미경, 망원경이 발명되면서 상상 속에 존재했던 모든 것들이 현실 속에 드러났다. 다게레오 사진술이 발표되면서 너도나도 달의 오톨도톨한 표면을 촬영하는 한편, 육안으로 볼 수는 없지만 통찰할 수 있는 이미지를 만들려 했다.[33] 속임수에서부터 착시에 이르기까지 시각의 조작이 횡행하면서 사람의 눈이 독식하던 권위가 흔들리게 되었다. 이와 함께 사람들은 다음과 같은 의문을 품기 시작했다. "눈에 보이는 것이 진짜인지 아닌지, 어떻게 알 수 있지?" 눈에 보이는 것을 의심하면서 지혜를 향한 첫발을 내딛을 수 있다. 현실을 제대로 보는 것은 시야의 한계를 인정하는 일이다.[34]

　시야가 권위를 상실하면서 상상력이 그 자리를 대신하게 되었다. 눈 앞에 있음에도 보지 않으려 하는 것은 당황스러운 일이었다. 1872년, 캘

리포니아의 거물인사 릴런드 스탠퍼드(Leland Stanford)는 달리는 말이 뛰는 순간 네 다리가 지면에서 모두 떨어지는지를 알고 싶었다. 정지 영상이 발명되지 않은 당시에는 그 누구도 이 질문에 대한 확실한 대답을 줄 수 없었다. 사진을 찍어야겠다고 마음먹은 그는 사진작가 에드워드 마이브리지를 고용해 자신의 말이 달리는 장면을 촬영해달라고 주문했다.[35] 다게레오 사진술이 발명되고 나서 세상 사람들은 너도나도 눈의 한계를 벗어난 사진을 남기려 했다. 스탠퍼드 또한 이러한 영감이 발동했고, 그의 부탁을 받은 마이브리지는 스탠퍼드가 소유한 약 32제곱킬로미터의 부지에 카메라 열두 대를 약 60센티미터 간격으로 배치하고 물리적 운동을 정지시키는 기술을 구현했다. 말이 트랙을 질주하는 순간 카메라는 작동을 개시하면서 셔터 스피드 1000분의 1초로 달리는 말의 움직임을 필름에 담아냈다.

사흘째, 마이브리지는 장비를 알맞게 조정한 결과 '땅에서 떨어진 이동'이 실제로 일어난다는 사실을 증명할 수 있었다. 그는 1878년에 새로운 장비를 들고 다시 이곳을 찾았다.[36] 이러한 과정을 통해 등장한 결과물은 충분히 주목할 가치가 있다. 그가 발간한 《생물의 운동기능(Animal Locomotion)》이라는 사진집은 인간의 눈이 파악할 수 없는 움직임을 보여주며 동영상의 시초로 자리매김했다. 그러나 우리는 이 업적이 우리의 삶에 가져온 의의를 쉽게 망각한다. 무엇을 본다는 행위에는 신비로운 구석이 있으며, 이러한 행위가 선사하는 경이감은 일상생활에 널려 있다.[37]

놀라움은 양방향성이 특징이다. 사람들은 미세함뿐 아니라 광대함에 매료될 수 있다.[38] 현미경을 통해 바라보는 행위는 경이의 땅을 발가벗기고 충격적인 계시를 제공할 수 있다.[39] 19세기에서 20세기로 넘어올 무렵 발명한 엑스레이(이 발견 또한 새로운 가능성을 향해 전진하는 중에 발생한 우연한 사건에서 비롯되었다)는 '피부, 나무, 알루미늄, 종이, 가죽을 유리로 바꿔버리는 새로운 빛'이자 아라비아 옛날이야기와 같은 실체로 생각되었다.[40] 이러한 과학적 발견뿐 아니라, 트롱프뢰유(trompe l'oeil) 기법(속임수 그림-옮긴이)에서 바넘의 속임수(P.T.barnum's humbugs, 19세기 말 서커스에서 사람들의 성격을 맞추는 쇼를 했던 바넘의 이름에서 유래, 사람들의 보편적인 심리나 성격을 자신만의 특성이나 성격으로 여기는 것을 바넘 효과라고 한다-옮긴이)에 이르는 시각적 유희 또한 인간의 눈이 정확하다는 상식에 도전할 수 있었다. 인류는 20세기에 접어들면서 시작된 '인간의 눈에 대한 회의'로 말미암아 볼 수 없는 것에 더 큰 의미를 부여하기 시작했다.[41]

감동을 느끼면 보고 기억하는 것들이 달라진다. 이러한 기제는 파멸의 순간으로부터 기운을 차리도록 도와준다. 더글러스는 그림을 상상하면서 현실을 창조하는 과정을 느낀 대로 묘사했다. 이러한 원리는 시각에서도 작동할 수 있다. 시각의 한계를 인정해야 뒤틀리고, 평평하고, 납작한 세상을 더욱 온전한 형태로 인식할 수 있고 끝없는 깊이 또한 파악할 수 있다. 원근법과 소실점을 발명하기 전까지 그림은 색채를 고르게 배열하는 데 그쳤다. 소실점은 무한의 가능성이 싹트는 텅 빈 지점이다.[42] 온전한 현실을 향해 나아가는 발걸음 또한 불가피한 실패와 엮이면서 시

VIEW OF SAN FRANCISCO. 1853.

1968년 아폴로 8호에서 촬영한 어스라이즈(Earthrise)(위)
1853년 다게레오 사진술로 찍은 샌프란시스코 정경(아래)

—

노출 시간을 단축시켜 상업적 사용을 가능하게 한 다게레오 사진술이 발표되면서 사람들은 오돌토돌한 달 표면은 물론, 연속 사진에 이르기까지 다양한 사진을 접하게 되었다. 눈에 보이는 것 이상의 이미지가 주는 기쁨에 사람들은 매료되었고, 더 미세하고 더 광대한 세계를 보기 위한 기술 발전의 도화선이 되었다.

작된다. 이러한 여정은 우리들 각자뿐 아니라 함께 어울리는 삶 속에서
도 의미를 지닐 수 있다. 온전한 시각은 현재와 과거의 시각이 지닌 맹점
을 인식하는 능력에서 비롯된다.

　나는 아나코스티아의 높은 언덕에 자리 잡은 더글러스의 집을 찾아갔
다. 의회 청사가 내려다보이는 그의 집에서 더글러스의 연구가 싹 튼 세
가지 실체를 엿볼 수 있었다. 그의 연구가 체계적으로 정립되었다고 평
가하기는 어려우나, 유리문이 달린 서가, 그림과 사진으로 덮인 벽, 시야
가 넓은 창문을 통해 그의 연설, 글이 비롯된 이론이 탄생했다는 걸 발견
할 수 있었다. 창밖으로 보이는 집들은 각양각색의 모습을 자랑했다.
　더글러스는 초야에 묻히고 싶어서라기보다는 정치적 의도를 품고 아
나코스티아로 돌아왔다.[43] 그의 연구에는 세 가지 기이한 특징이 있었
다. 이 특징은 연설, 그림, 꿈꾸는 세상을 바라보는 창문으로 비유할 수
있다. 그의 연구 방식은 이러한 세 가지 힘이 이끄는 인생에서 비롯되고
있었다. 이 연구 방식에 따라 집의 배치 또한 분석해볼 수 있었다.
　집 뒤로는 오두막이 서 있었다. 노예들의 숙소와 똑같이 지은, 창문도
없고 좁은 방 하나만 있는 벽돌 오두막이었다. 언덕 꼭대기의 앞마당에
펼쳐진 잔디에 서면 그 누구도 경험하지 못한 성공의 환희를 느낄 수 있
었다. 이 오른편으로는 자신이 태어난 메릴랜드의 녹색 평야가, 왼편으
로는 워싱턴 D.C.가 자리 잡고 있었다. 그는 메릴랜드에서 노예의 신분
으로 태어났으나, 세상을 떠나자마자 워싱턴 D.C.의 의회 마당에 그의

시신을 안장하는 법안이 상원에 제출되었다. 이를 보면 생전에 그가 얼마나 많은 명성을 얻었는지 알 수 있다.[44]

더글러스는 자신이 제시한 화제가 꾸준히 개척해야 할 과제라고 단언하며 "그림이 우리의 생각에 영향을 미치면 언젠가는 나보다 유능한 사람들에게 화두를 던져 그림을 현실로 구현하는 날이 오게 될 것"이라고 말했다.[45] 이후 이 화제는 우리 시대의 국가지도자나 성현들이 주창하는 시대를 초월한 아이디어로 자리 잡았다.

심미적 행위가 지닌 힘을 폄하한다면 무엇을 잃게 될까? 재능이나 표현의 자유뿐 아니라 자신도 몰랐던 실패에서 벗어나 더 높은 것을 바라볼 기회를 잃게 된다. 심미적 동력은 정서, 사치, 삶의 휴식을 반영하는 차원에 그치지 않는다. 경험으로부터 습득하는 비전은 헤쳐 나가기 힘든 길에서 벗어나는 필수적인 수단이 될 수 있다.

지금껏 이야기한 실패를 받아들이는 방식은 출발부터 미심쩍고, 변형의 가능성 또한 불확실하다. 우리의 실패에 대한 사고방식은 과연 나중에 어떻게 변할까? 이는 내가 이 책을 집필하면서 사진사인 친구로부터 받은 맞춤형 질문이었다. 실패에 영광을 돌리는 방법을 찾는 것이 해답이다. 실패에서 벗어나는 길을 외면하지 않고, 실패를 생산적이고 심지어 필요불가결한 동력으로 승화시켜야 한다. 이처럼 발돋움의 생소한 밑바탕을 직시하는 것은 세상을 바라보는 역발상에 그치지 않고, 영광스러운 삶을 창조할 유일한 방법으로 자리매김하기 마련이다.

5장

행동 법칙 5 — 실패 연구

실패라는 이름에 가려진 진짜 찾기

버려진 기차역을 공원으로 재탄생시킨 뉴욕 맨해튼의 하이 라인. 하이 라인은 우리에게 실패한
것에서 새로운 가능성을 발견하라고 알려준다. 왜 폐허로 남았는가? 폐허라는 이름에 가린 진짜
모습은 무엇인가? 혹여 우리는 실패라는 큰 이름 때문에 그 안에 숨은 것들을 너무 작게 생각하
고 있지는 않은가?

"지혜의 항아리가 깨졌다면,
지혜가 세상 밖으로 흘러나왔거나,
모두가 향유할 수 있도록 온 사방에 깃들거나,
둘 중 하나를 의미할 것이다."

– **엘 아나추이**El Anatsui[1]

기업가 사라 블레이클리의 아버지는 매우 독특한 방식으로 어린 딸에게 그날 무슨 일을 했는지 질문했다. 사라는 이 질문이 자신에게 미친 영향을 종종 언급했다. 그녀가 마흔한 살에 최연소 억만장자가 될 수 있었던 이유는 아버지의 관점을 통해 습득한 교훈이 자양분으로 작용했기 때문이다. 가족들이 모인 저녁 식사 시간에 그녀의 아버지는 항상 다음과 같은 질문을 반복했다. "오늘 뭘 실패했는지 말해볼래?" 그녀와 남동생은 체육 시간에 좌절한 이야기처럼 그날 실패한 경험을 밝혔다. 남매의 일일 경험담을 들은 아버지는 다른 부모들이라면 우수한 성적표를 두고 했을 칭찬을 아낌없이 퍼부었다.

블레이클리의 가장 친한 친구 중 한 명은 블레이클리와 같은 방을 쓰던 무렵, 자신의 침대에 뛰어들며 이렇게 말했다고 한다. "블레이클리, 넌 분명 세상을 바꿀 수 있을 거야." 당시 블레이클리는 로스쿨에 가고 싶었으나, 입학자격시험을 연거푸 망치는 바람에 패배의식에 휩싸였다.[2]

"그렇지만 난 팩스를 팔고 있잖아." 블레이클리는 이렇게 반응했다. 블레이클리는 7년간 집집마다 다니며 사무용품을 판매했다.

"알아, 그게 네 운명인걸." 친구의 대답이었다.

블레이클리는 2011년도 기준 10억 달러의 기업 가치를 자랑하는 스팽스의 창립자이다. 스팽스는 여성용 거들의 새로운 표준을 제시한 기업으로, 블레이클리는 29세도 되기 전에 이 회사를 창립해 아직도 지분을 보유하고 있다. 그녀는 남편의 수입이나 상속 재산에 의지하지 않고 부를 창출한 극소수의 여성 억만장자 가운데 한 명이다.

블레이클리는 어릴 적 아버지의 가르침 덕에 이러한 인생의 반전이 상당 부분 가능했다고 말한다. 그녀의 아버지는 실패의 정의를 재정립했다. 실패는 결과가 아니라, 거절당한 도전일 뿐이다.

실리콘밸리에서는 왜 실패 경험만 말하게 하는가

실리콘밸리의 정상회담으로 통하는 페일콘(FailCon)이라는 회의가 있다. 이 회의는 마치 블레이클리의 어릴 적 저녁 식사를 연상시킨다. 프랑스에서 호주에 이르기까지 세계 각지에서 개최되는 페일콘 회의는 사람들이 '최대한 빨리 잘못되도록 도와주며' 참여자들은 자신의 잘못된 과정을 다른 사람들 앞에서 발표해야 한다.[3] 여기에서의 규칙은 성공이 아닌 실패의 경험만을 말해야 한다는 것이다.

"지난 10년간 내 경험담을 사람들 앞에서 말해도 되겠느냐고 물어본 적은 처음이었어요." 선 마이크로시스템스와 코슬라 벤처스의 창립자이자 CEO인 비노드 코슬라는 2011년 샌프란시스코 가부키 호텔 대연회장에 모인 청중들 앞에서 이렇게 말했다. 현재 전 세계적으로 떠오르고 있는 젊은 CEO인 인터넷 결제 회사 페이팔의 공동 창립자 맥스 레브친, 소셜 게임업체 징가의 창립자 마크 핑커스, 모바일 택시 예약 서비스 우버의 공동 창립자 트래비스 캘러닉은 코슬라와 함께 지난 몇 년간 IT 기업가, 발명가, 창립가 등이 참가한 회의에 연사로 초빙되었다.

나는 대연회장 뒤쪽에서 한 남자 옆에 앉았다. 금발머리에, 햇볕에 그을린 구릿빛 피부를 자랑하는 호리호리한 남자는 진한 호주식 억양으로 자신을 서퍼, 하프시코드 연주가, 기업가로 소개했다. 그는 하지 말아야 할 리스트(to-don't list)를 얻기 위해 페일콘에 참석했고, 실패에 일가견이 있는 코슬라의 연설을 들으러 왔다고 말했다. 코슬라는 기업 경영에서 경험하는 수많은 실패를 숙고한 결과, 간결하고 함축적인 용어로 그의 시각을 집약했다. 그가 사용한 용어들은 구체적인 설명이 필요할 정도로 깊은 의미를 내포하고 있었다.

캘러닉 또한 연설하면서 '올해의 가장 불운한 기업가'에 응모해야 할 사람이 자신이라고 말했다. 지난 10년간 고군분투했던 캘러닉의 인생 역정은 끔찍한 장애물의 연속이었고, 청중들에게 밝힌 장애물 가운데 단 하나라도 현실이 되었다면 그는 패배자로 전락했을 것이다. 점심을 먹은 지 얼마 안 된 청중들은 그의 연설이 시작될 무렵 졸린 기색이었으나, 이내 강연에 매료되어 꼼짝할 줄 몰랐고 오직 동정 어린 웃음을 터트릴 때 말고는 고개조차 까딱하지 않았다.

"문제는 실패의 나락으로 떨어지고 있을 때 '성공하기 전까지 이 실패에 관한 것은 전부 숨겨야 한다'라는 전략을 취한다면 파멸의 구렁텅이로 빠질 거라는 점이죠."

그는 이렇게 말하며 잠시 연설을 멈추고 밑을 내려다본 다음, 마이크에 의지해 작은 목소리로 말하기 시작했다. "난 '파멸의 구렁텅이로 빠질 거야'라고 아주 자연스럽게 말했습니다. 죄송하지만, 앉아서 강연을 계속해도 될까요?" 그가 자리에 앉자마자 테이블이 부서졌다. "이런, 현실로 일어나고 말았네요." 그는 지금 500명 앞에서 연설하고 있다는 생각이 번쩍 든 것 같았다. 캘러닉은 부서진 테이블 옆에 앉으며 자신의 힘들었던 나날을 떠올리고 있었다. "바로 이게 페일콘의 장점이죠." 그는 이렇게 말했다. "여기에서 무슨 실수를 해도 이해를 구할 수 있거든요."

캐나다 토론토에는 국경 없는 기술자(Engineers Without Borders)라는 NGO가 있다. 이 단체는 최근 사하라 남부 아프리카의 개발 계획을 진행하다가 겪은 고초를 대중들에게 공개하고 있다. 브로드헤드 (Brodhead)는 이 단체의 초기 투자자들 가운데 한 명이었다. 몇 년 전, 국경 없는 기술자는 여러 기관들이 재정 지원을 잃을까 봐 공개를 꺼려하는 수준을 넘어선 실패 사례 보고서를 추가로 발간했다. "대형 기관들은 기부를 받기 위해 안간힘을 쓰는 것이 보통입니다. 대중들은 실패 사례 보고서를 왜 발간하는지 이해 못 할 겁니다. 기부를 한 대중들은 기적이 일어나는 게 정상이라고 믿기 마련이죠. 그러나 현실은 그렇지 않다는 사실을 모두가 알고 있어요. 국제 개발 분야에 종사하는 모든 사람들도 마찬가지예요." 그 결과 개발 기구의 재정 모집 전략은 "돈을 주면 문제를 해결해줄게"로 메시지를 단순화한다. 따라서 "네가 돈을 줬지만 우리는 문제를 해결할 수 없었어"라고 말한다면 과도한 위험을 감수하는 것이다.

국경 없는 기술자의 공동창립자인 조지 로터(George Roter)와 파커 미첼(Parker Mitchell)은 양방향 웹 포털, 실패를 인정하자(Admitting Failure)를 운영하는 애슐리 굿(Ashley Good)과 더불어 의연한 태도를 견지했다. 실패를 인정하자는 실패를 공개하려는 다른 NGO들을 위한 완벽한 터를 제공한다. 기술자이기도 한 그들은 미래의 실패를 예측하는 기법인 시스템 분석법을 훈련했다.[4] 그들은 다음과 같은 전제를 견지한다. 우리가 역경을 돌파할 수 있는 이유는 목표에 미달할 경우 이를 인정할 수 있는 충분한 자유를 지니기 때문이라는 것이다. 이 기관의 용감한 자아비판은 획기적인 시도였고, 이 분야에서 엄청난 촉매 효과를 유발했다.

"NGO 분야에서 16년을 일하고 나서, 그들이 지금껏 해왔던 방식으로 이 주제에 대해 언급하는 것을 한 번도 보지 못했다." 워 차일드 캐나다(War Child Canada)의 서맨사 너트(Samantha Nutt)는 국경 없는 기술자의 계획에 대해 이야기했다. "앞으로 NGO 그룹이 함께 모이는 시간이 많아질 것이며, 모인 자리에서는 유사한 대화들이 오고 갈 것입니다. 그러나 이번처럼 대규모로 모여 다면적인 대화가 진행되기는 힘들 거예요."

숨겨진 것에 주목해야 하는 이유

1891년, 소설가 허먼 멜빌이 뉴욕 항에서 관세사로 일하다 사망했을 때, 과부가 된 아내는 《하얀 재킷(White Jacket)》과 《백경》의 판권이 아무짝에도 쓸모가 없다고 불평했다. 아내의 말에 따르면 이 두 권의 책이 "시장성이 전무해 땡전 한 푼 벌어다 주지 못한다"고 했다.[5] 멜빌의 《백경》이 엄청난 찬사를 받기까지는 70년이라는 세월이 걸렸다. 탈고를 몇 달 앞두고 이러한 현실을 충분히 예상한 멜빌은 자신의 운명을 다음과 같은 말로 통렬히 예언했다. "이 세기의 복음서를 썼으면서도 시궁창 속에서 죽게 되겠지."[6]

이처럼 우리의 북극성은 육안으로 쉽게 보이지 않는 양초 몇 개의 밝기에 그치는 경우도 있다. 먼 훗날 어떠한 모습으로 변할지 아무도 알지

MOBY-DICK;

OR,

THE WHALE.

BY

HERMAN MELVILLE,

AUTHOR OF

"TYPEE," "OMOO," "REDBURN," "MARDI," "WHITE-JACKET."

NEW YORK:

HARPER & BROTHERS, PUBLISHERS.

LONDON: RICHARD BENTLEY.

1851.

허먼 멜빌(1819~1891)(좌), 《백경》의 1851년 초판본(우)

—

허먼 멜빌의 《백경》이 찬사를 받기까지는 70년의 세월이 걸렸다. 만약 그 시대가 《백경》의 가치를 알고 있었다면 어땠을까? 아직도 세상에는 미래의 모습을 그리지 못한 채 빛을 감추고 있는 것들이 많다.

못한 채, 빛을 감추고 있는 것이다. 앞으로 소개할 사례는 이렇게 숨어 있는 잠재력의 발견으로 새로운 얼굴을 찾게 된 이야기이다.

풀을 베어 만든 마구잡이식 길이 2.4킬로미터에 걸쳐 맨해튼 로우어 웨스트사이드 제10번가 위로 나 있었다. 이 길은 맨해튼 섬의 로우어 웨스트사이드에서 시작되는 협곡과 같은 형세를 띠며, 100년 전에 고기와 유제품을 운반하고 생산하기 위해 건설한 난공사의 자취에서 별로 달라진 것이 없어 보였다. 시에서는 1960년대에 구름다리의 일부를 해체했고, 1980년에는 완전히 사용을 금지했다. 그러나 이 다리는 수십 년간 건축가들의 환상으로 자리 잡았다. 취임하는 신임 시장들은 하나같이 이 다리를 철거하려 했으나, 건축가들은 이를 일종의 성배로 생각해 다른 구조물로 개조하려는 목표를 버리지 않았다.[7] 뉴욕 첼시 인근의 보행자들은 위에서 뭐가 떨어질세라 잔해가 쌓인 지저분한 낡은 길을 서둘러 걸어갔고, 밤에는 오르막길 저편에서 광란의 마약 파티가 열린다는 소문도 심심찮게 들렸다.[8] 대부분의 사람들은 오르막길에 발을 내딛고 올라가는 방법을 알지 못했다. 캄캄한 어둠 속에서 발걸음을 떼어야 하겠지만, 땅에서 보면 너무나도 으스스한 그림자가 드리워 있었다. 한때 이 다리를 철거하는 것은 '선택의 문제가 아닌 시기의 문제'였으나, 한 사진사가 1년에 걸쳐 이 다리의 모습을 기록하면서 상황은 반전되었다.[9]

사진은 몽환적이었다. 들풀, 야생 당근, 붓꽃, 풀이 철길에 뿌리내린 단단한 가죽나무 옆으로 잔잔히 퍼져 있고, 이 철길은 수십 년에 걸쳐 녹을 머금어왔다.[10] 무성하고도 즉흥적인 정원은 없을 법한 뿌리에 의지했고, 철로가 이 정원의 주인을 자처했다. 튤립은 겨울방학을 맞아 장식된 소나무 한 그루와 사이좋게 흙을 나눴다. 이 소나무가 보이는 빌딩의 창문은 쇠로 바닥을 깐 산책로를 향해 열려 있었고, 빌딩 왼편으로는 허드슨 강과 자유의 여신상이, 오른편으로는 차, 빌딩, 10번가가 자리 잡고 있었다.[11] 허리 높이까지 자란 야생 당근 숲을 헤쳐 나가면 마치 '맨해튼 한가운데서 또 다른 세상을 경험하는' 느낌이었다. 길 잃고 헤매다가 맞닥뜨리는 듯한 이 광경에서 원래의 모습으로 돌아가려는 자연의 끊임없는 의지를 느낄 수 있었다.

사업가 로버트 해먼드(Robert Hammond)와 함께 철길 보존을 위한 비영리기관을 조직했던 조슈아 데이비드(Joshua David)는 이렇게 말했다.

"우리는 숨겨진 것들을 조그맣게 생각하는 경향이 있습니다. 물론 조그만 것들이 숨기도 쉽지요. 그러나 여기 숨겨진 것은 거대합니다. 뉴욕 시 안에 있는 거대한 공간이 모든 사람들의 시선을 용케 피한 거죠."

그들은 이곳을 가리켜 하이 라인(High Line)이라 불렀다.

"아름다운 고물덩어리였어요. 뒤를 돌아보는 동시에 앞을 내다볼 수 있는 오싹한 경험을 우리에게 선사했죠." 건축가 리즈 딜러(Liz Diller)는 이 구름다리를 공공장소로 전환하는 프로젝트에 대해 이야기를 나누며 이렇게 말해주었다. 그녀는 이 프로젝트를 그녀의 건축 사무소 딜러 스코피디오+렌프로와 필드 오퍼레이션 대표 제임스 코너, 네덜란드 조경 디자이너 피에 우돌프(Piet Oudolf)와 공동으로 진행했다. 하이 라인에 자전거 도로, 미술 전시관, 레스토랑을 설치해 '공중의 거리'로 만들자는 계획도 있었으나 그들은 생생한 폐허의 느낌 자체에 매료되었다.

길 위의 시인을 보호하고자 하는 사진작가 조엘 스턴필드(Joel Sternfeld)는 하이 라인에서 울리는 반향을 탁월하게 묘사했다. "여기는 공원보다는 길이 더 어울립니다. 길 중의 길이 여기니까요."[12]

우리는 사물을 보는 시야를 집합적으로 재구성할 수 있다. 대안의 영역에서 비롯된 생각을 계속해서 재구성하면 전환(conversion)이 가능해진다. 웨스트사이드 공동체 이사회는 하이 라인의 공동 설립자, 해먼드와 데이비드를 초빙했다. 두 사람 모두 철로의 철거를 막아야 한다고 노심초사했다. 그러나 그러한 걱정을 하는 사람은 두 사람이 전부였고, 회의에 참석한 모두가 "흔적도 남기지 않고 철거해야 한다는 쪽으로 열을 내고 있었다".[13] 언젠가 무너질 거라 생각하는 사람들이 있는 "어두운 그림자"를 보존하려 드는 것은 설득력이 떨어졌다.[14] 한동안 이 장소를 모든 사람이 즐길 수 있는 공간으로 전환할 모든 소재는 "결코 현실로 일어나지 않을 좋은 아이디어"라 불리며 크리스틴 퀸(Christine Quinn)의 서류철 속에 머물렀다. 이 프로젝트의 초기 후원자였던 크리스틴은 당시 뉴욕 의회의 대변인이었다. 스턴필드의 사진은 지오드(geode, 정동)의 내부처럼 반짝이는 낡고 녹슨 철길을 담고 있었다. 이 사진은 사진 속 정경을 일종의 비유로 전환시켜 우리가 살아가는 모습을 정확히 파악할 수 있게 도와주었다. 허공의 길에 대한 대중의 정서를 변화시킬 정치적 영향력이 있는 인물 또한 이 사진으로 생각이 바뀌었다. 곧 서류에 담긴 계획은 서류철을 빠져나와 빛을 보기에 이르렀다.[15]

건축가가 아닌 사람들이 느끼는 하이 라인의 의미를 정확히 묘사할 단어란 존재하지 않는다. 아직 보이지 않는 결과를 얻기 위해 필요한 생각을 재구성하는 과정을 묘사할 단어 또한 존재하지 않는다.[16] 산책로의 조경 계획과 최소한의 건축학적 간섭은 '우울증과 무성함' 사이의 균형을 찾기 위한 활동이다. 딜러는 이렇게 말했다. "그 사이에 있는 것이 무엇인지는 모르겠지만 하이 라인은 이 덕분에 유명해졌고, 그게 뭔지를 말로 표현하기는 어렵다."

"하이 라인이 성공한 이유 중 하나는 아무것도 아닌 것처럼 보이기 때문"이라고 딜러는 덧붙인다. 여기에서는 앞으로 나아가거나 좋은 위치에서 경치를 바라보는 것 말고는 아무것도 할 수가 없다. 개도, 자전거도, 바퀴 달린 그 어떤 탈것도 다니지 않는 산책 활동에 집중된 공간으로, 한가로이 어슬렁대거나 지나가는 자동차를 바라보는 등 평소에 하지 않는 행동을 하도록 계획된 장소이다. 이곳에는 심지어 극장처럼 층을 이룬 좌석과 창문을 설치해 피처 필름 대신 10번가 도로를 바라볼 수 있는 '움푹 팬' 전망대도 있다. 발밑에 놓인 길과 앞으로 펼쳐진 경치가 곧 하이 라인에서의 활동이다. 하이 라인은 '영원히 마무리되지 않을' 태세로 섬 위에 끝없이 펼쳐진다.[17]

6장

행동 법칙 6 — 공식 파괴

마이너를 메이저로 만드는 비결

"누구나 아는 바처럼 오늘의 비주류가 내일의 주류로 바뀔 수 있어요." 아직 영화화되지 않은 시나리오들 중 호평 받은 작품 리스트를 이르는 말이 '블랙리스트'인 것은 매우 역설적이다. '블랙'이라는 말이 일반적으로 가지고 있는 부정적 의미를 생각하면 더욱 그렇다. 실패의 문턱에 갔던 것들이야말로 생각 이상의 큰 영향력을 발휘할 수 있다.

•

"제 성공의 비결은 과거의 영광에 연연하지 않는 것입니다."

– **아미르 톰프슨**Ahmir Thompson

"제가 알기로 할리우드에 있는 모든 사무실에 그 목록이 돌아다니죠. 그 목록을 모르는 사람은 없을 거예요." 인터뷰의 시작과 동시에 영화배우 메릴 스트리프는 이 각본이 어떻게 역경을 뚫고 자신에게 오게 되었는지를 말해주었다. "블랙리스트예요. 아직 제작되지 않은 최고의 대본들이죠." 그녀는 이렇게 말하며 야릇한 미소를 지었다. "아시다시피, 이 대본들은 영영 제작되지 않을 수도 있어요."[1] 스트리프가 이러한 현실을 알고 있던 이유는 그녀가 연기하게 된 이번 영화의 각본도 그러한 위기를 겪었기 때문이다.[2]

메릴 스트리프가 주연을 맡은 〈호프 스프링즈〉 각본은 한동안 그 누구의 관심도 끌지 못한 채 할리우드에 머물렀다. 그러나 다수의 표

를 받아 블랙리스트에 오르면서부터 관심을 받는 동시에 스타 배우를 끌어들일 수 있었다.[3]

성공 공식을 파괴한 각본들 중에는 전문가들이 진정한 가치가 있다고 생각하는 작품이 많지만, 리스크를 회피하려는 제작사들은 쉽사리 제작에 착수하기를 꺼렸다. 블랙리스트는 그 누구도 생각하기 힘든 이러한 진실을 대변했다. 블랙리스트가 알려지면 많은 것이 바뀔 수 있다. 이 목록에는 영화계의 메이저 딜메이커들이 몰래 애정을 보였으나 아직 빛을 보지 못한 대본들이 들어 있었다. 블랙리스트는 우상파괴적 재능의 중요성을 인정함으로써 가장 호화로운 비즈니스를 영위하는 영화계의 관례를 일부 바꿔놓았고, 각본가의 능력을 가늠하는 기준을 넓혀주었다.

최근까지 오스카 최고각본상을 수상한 열두 개의 작품들 가운데 일곱 작품이 블랙리스트 상의 각본을 차용했다. 최고영화상을 수상한 다섯 작품 가운데 세 작품 또한 블랙리스트 상의 대본이었다. 블랙리스트는 킹메이커이자 퀸메이커, 할리우드의 상급 기관으로 자리매김했고, 특히 영화로 제작하기 힘들 정도로 '변덕스런' 대본을 쓰는 작가들은 블랙리스트에 오르는 것을 하나의 승리로 생각했다.[4]

할리우드 성공 패턴을 깬 '블랙리스트'

미국 작가협회에서 매년 새로운 각본을 5만 개씩 쏟아내지만, 의외로 규모 있는 스튜디오들은 매년 150개의 영화밖에 제작하지 못하고 있다. 이러한 현실에서는 연예 평론가 스콧 매슬로(Scott Meslow)의 말처럼 "모든 조건이 동일하다면 각본의 0.3퍼센트만이 장편 영화로 제작된다."[5] 할리우드 시스템이 보여주는 병목 현상에도 불구하고 블랙리스트에 실린 168개의 각본 중에 영화로 제작된 개수는 무려 68개에 달했다. 이는 거의 기적과도 같은 통계로, 블랙리스트에 오른 대본 가운데 40퍼센트 이상이 제작되어 배급되었다.

나는 로스앤젤레스에 머무르며 왜 제작자들이 신분을 감추고 싶어 하는지, 간단한 리스트가 어떻게 산업의 관점을 바꿀 수 있는지를 이해하려 했다. "나는 그저 정보를 수집했을 뿐이에요." 블랙리스트를 처음 만들었던 사람으로부터 들은 말이다. 그는 리어나도 디캐프리오가 이끄는 제작사, 아피안 웨이(Appian Way) 프로덕션의 개발 전문가로 일하면서 일을 더 잘해보고자 이 리스트를 작성했다. 그는 2년간 자신이 만든 블랙리스트를 공개하지 않았다. 그러나 대중들의 호기심이 너무 커졌고, 2007년에 한 기자에 의해 프랭클린 레너드(Franklin Leonard)가 이 리스트를 만들었다는 사실이 밝혀졌다.

프랭클린 레너드는 당시 윌 스미스의 제작사, 오버브룩 엔터테인먼트에서 크리에이티브 부대표를 맡고 있었다. 그가 쓴 익명의 이메일이 바로 이 리스트의 시초였다. 2005년, 프랭클린은 할리우드에서 일하는 75명의 동료들에게 제일 좋아하는 대본 목록을 최대 열 개까지 보내달라는 이메일을 송부했다. 단, 세 가지 조건이 있었다. 자기가 좋아하는 대본이어야 하고, 그해 개봉되지 않았어야 하며, 대본이 지난 12개월 동안 세간에 회자되었어야 한다는 조건이었다. 세 명을 제외하고는 모두 프랭클린에게 답변을 보내왔다. 자발적으로 답변을 보내온 사람들도 있다 보니, 최종 집계된 자료는 90건까지 늘어났다. 프랭클린은 자신의 말마따나 '간단한 엑셀 작업을 거쳐' 각본이 추천된 횟수를 합산해서 서열을 매긴 리스트를 작성했다. 그런 후에 그는 '살짝 도발적인 제목'을 붙인 리스트를 투표에 참가한 사람들 모두에게 익명의 이메일로 송부했다.[6]

프랭클린은 블랙(black)이라는 단어가 뭔가 바람직하지 않은 것을 의미한다는 편견을 논박하고 싶었다.[7] 조지아에서 중학교를 다니던 시절, 그는 선생님이 문학의 상징을 이야기하면서 흰색은 좋은 것으로, 검은색은 나쁜 것으로 여겨진다고 말했던 기억을 떠올렸다.

"인종차별적인 생각에서 그런 말을 했던 것은 결코 아니에요." 그는 구체적으로 밝혔다. "어린아이들도 흰 모자를 쓴 카우보이는 좋은 사람, 검은 모자를 쓴 카우보이는 나쁜 사람이라고 생각하니까요." 그는 이렇게 말했다. "여기에 깃든 의미가 마음에 들지 않는다고 생각했던 기억이 나네요." 제임스 볼드윈, 만시아 디아와라(Manthia Diawara)를 비롯한 예술가, 시인, 학자들도 문학이나 필름 누아르에 담긴 색채의 논리를 본격적으로 연구했다. 이러한 논리는 성서에도 깃들어 검은색은 어두움과 악으로, 흰색은 순수와 빛으로 통한다.[8]

프랭클린은 블랙이라는 말에서 연상되는 느낌을 다르게 명시했다. 첫해, 리스트의 표지에 다음과 같은 문구를 넣었다. "본 블랙리스트는 여기에 담긴 내용이 블랙리스트의 어감과 맞지 않는다는 사실을 잘 알고 있습니다." 다음 해에는 문구를 이렇게 바꿨다. "블랙은 새로운 흰색을 의미합니다." 2010년, 가수 제이 지의 노래에 들어간 "온통 검은 세상이에요"라는 가사 또한 이 문구에서 비롯되었다. "아주 조심스럽게 검은색을 긍정적인 인상으로 바꿔보려 해요." 그는 이렇게 말했다. "어찌 보면 할리우드가 이러한 요소를 가장 많이 포용하고 있어요."

사람들은 그를 배척하지 않고, 백인들이 장악하고 있는 산업에서 특히 두드러진 인종차별적인 상징을 미세하게나마 바꾸려는 시도를 감행한 부분에 아낌없는 칭찬을 퍼부었다. 오스카상을 수상한 영화 〈프레셔스〉의 기획자, 리사 코르테스(Lisa Cortes)는 다음과 같이 말한다.

"도전적인 느낌을 지닌 용어가 그토록 강력한 힘을 지닐 수 있다는 현실이 마음에 들어요. 누구나 아는 바처럼 오늘의 비주류가 내일의 주류로 바뀔 수 있어요."[9]

리스트를 통해 의도한 바는 아니었지만, 처음부터 현실성이 떨어지는 각본을 강조하면서 블랙리스트는 노련한 정치적 관점을 지니게 되었다.

대중들이 알아주지 않아 실패의 문턱까지 갔던 작품들이 생각 이상으로 큰 영향력을 발휘할 수 있게 된 것이다.

많은 분야가 특정한 성공의 공식을 따르려는 압력에 시달린다. 영화 산업 또한 이러한 압력에서 자유롭지 못한데, 이 리스트는 영화계에 존재하는 허점을 그대로 폭로했다. 이 책에서 소개하는 자료는 세상에 처음 등장한 2005년도의 블랙리스트로, 여섯 표 이상을 받은 각본들만 간추린 것이다.

2005년도 블랙리스트의 상위 다섯 각본 중 디아블로 코디의 〈주노〉와 낸시 올리버의 〈내겐 너무 사랑스러운 그녀〉가 오스카에 지명되었다.[10] 리스트에 오르기 전까지 이러한 각본들은 제작사와 제작자들이 거들떠보지도 않았던 무명의 초보 작가들이 쓴 작품에 불과했다. 그러나 지금은 이러한 작가들이 영화계의 유명 인사들을 쥐락펴락한다.[11]

블랙리스트는 블록버스터 영화, 오스카상 후보에 지명되고 오스카상을 수상한 영화들을 탄생시켰다. 그러나 블랙리스트의 이야기는 이러한 성공 사례에 국한되지 않고, 이러한 영광을 맛보지 못한 수많은 각본들에서 또 다른 의의를 찾을 수 있다. 리스트에 오르는 각본과 오르지 못하는 각본의 차이는 무엇일까? 프랭클린은 그 차이는 단지 "제대로 읽히지 않고 손만 타는 각본과, 스튜디오에서 잘 검토하고 제작비를 타내는 각본과의 차이일 뿐이다"라고 말한다.[12]

블랙리스트에 실린 대부분의 각본은 제작사의 마음이 기우는 관점과는 거리가 먼, 가능성이 희박한 작품들이다. 이 각본들의 전제는 매우 특

THE BLACK LIST   **2005**

twenty-five mentions
THINGS WE LOST IN THE FIRE   Allan Loeb   CAA   Carin Sage

twenty-four mentions
JUNO   Diablo Cody   Gersh   Sarah Self

fifteen mentions
LARS AND THE REAL GIRL   Nancy Oliver   UTA   Tobin Babst

fourteen mentions
ONLY LIVING BOY IN NEW YORK   Allan Loeb   CAA   Carin Sage

thirteen mentions
CHARLIE WILSON'S WAR   Aaron Sorkin   Endeavor   Jason Spitz

ten mentions
KITERUNNER, THE   David Benioff   CAA   Todd Feldman

nine mentions
FANBOYS   Adam Goldberg   WMA   Ken Freimann
POWER OF DUFF, THE   Stephen Belber   BWCS   Todd Hoffman

eight mentions
AGAINST ALL ENEMIES   Jamie Vanderbilt   Endeavor   Adriana Alberghetti

seven mentions
A KILLING ON CARNIVAL ROW   Travis Beacham   WMA   Cliff Roberts
PEACOCK   Michael Lander & Ryan O. Roy   Endeavor   Elia Infascelli-Smith

2005년도의 블랙리스트(위), 미국 로스앤젤레스의 상징 할리우드 표지판(아래)

—

새로운 성공은 어떻게 탄생하는가? 매일 수백 개의 시나리오가 버려지는 할리우드에서 오랜 기간 축적되고 검증된 성공 공식을 무시하기란 쉽지 않다. 그런 점에서 블랙리스트가 주는 교훈은 의외로 간단하다. 마음이 가고 눈에 들어왔다는 것이다. 2005년 리스트에 보면 영화 〈주노〉, 〈내겐 너무 사랑스러운 그녀〉가 있다. 맨 아래에 있는 〈어 킬링 온 카니발 로우 피콕〉은 길예르모 델 토로 감독에 의해 TV 드라마로 제작될 예정이다.

이하면서도 대중들의 취향에 어긋나지 않는 모티브를 취하는 경우가 많았다. 하지만 작가가 나름 높은 기준을 세워서 이야기를 진행시키는 데다가, 그 기준을 충분히 만족시키면서 모티브가 너무 특이하다는 장점을 갖고 있다. 그렇기 때문에 좋은 작품이 되기 어렵다는 편견을 불식시킬 수 있는 것이다.

블랙리스트에 오른 작품 가운데, 가장 흥행 가능성이 떨어져 보이는 작품 하나를 골라본다면 외로움에 지쳐 섹스 인형을 구입하는 한 정신이상자, 그리고 그를 받아들이는 따뜻한 마을에 관한 이야기를 소개할 수 있다. 〈내겐 너무 사랑스러운 그녀〉를 쓴 낸시 올리버는 이 각본이 블랙리스트에 실리면서 블랙리스트로부터 이 각본을 좋아해도 괜찮다는 허락을 받은 느낌이었다고 말했다.[13] 그녀는 이렇게 덧붙였다. "블랙리스트에 오르기 전까지 이 각본은 몇 년을 넘게 주인을 만나지 못하고 떠돌았어요. 끝까지 사람들의 관심을 끌기에는 역부족이었죠." 프랭클린은 이렇게 말한다. "난 내 취향을 아주 자신해요. 지금도 제임스 라시터(오버브룩 엔터테인먼트의 공동 창립자)에게 가서 '이 각본 안 읽으면 후회하실걸요'라고 말하기 전에 충분히 저 스스로를 의심해보거든요." 블랙리스트 덕분에 주인을 못 찾고 헤매던 각본은 세상에 노출되어 많은 관심을 받게 되었다.

정형화된 평가를 벗어났을 때 보이는 것들

블랙리스트에 올랐다는 사실 하나만으로 인생이 변하는 사람들이 있다 보니, 이 리스트를 그저 저평가되던 각본의 목록으로 취급하기가 어려워졌다. 일류 작가들이 이를 너무나 자주 언급하며, 에이전트들은 자신이 담당하는 작가가 많은 득표를 얻도록 논쟁을 벌인다. 따라서 이러한 에이전트들에 의해 리스트가 조작되고 있는 게 아닌지 의심하는 사람들도 등장한다.

"이 리스트는 '가장 선호되는' 리스트가 아니라, 주눅 든 제작자들이 시기하는 리스트가 된 지 오래예요." 2009년, 한 비평가는 〈데드라인 할리우드(Deadline Hollywood)〉에서 이렇게 말했다. 영화와 에이전시에 대한 인기투표라고 생각하는 사람들도 있었다.[14] 또 다른 작가는 영화 〈소셜 네트워크〉를 예로 들며 블랙리스트에 대한 불만을 표시했다. 이 작품은 2009년 블랙리스트에서 서열 2위를 차지했지만, 이미 영화로 제작 중이었다. 어떤 블로거는 이렇게 말했다. "블랙리스트가 어떤 철학에서 탄생했는지는 모르겠지만, 에런 소킨(아카데미상, 에미상 등을 휩쓴 미국의 유명 영화 각본가이자 제작자-옮긴이)과 소니 픽처스가 제작하기로 마음먹은 각본을 확인하려는 의도가 있었을 리는 없지 않나요?"

프랭클린은 이러한 불만 어린 목소리에 다음과 같이 반응했다. "〈소셜 네트워크〉가 2위를 차지한 것에는 뭔가 특별한 점이 있었죠. 당시 아무도 모르는 무명의 작가가 호주에서 짐 헨슨(Jim Henson)의 인생을 연구하며 쓴 각본이 1위를 차지했거든요. 에런 소킨이 2위에 있다는 것은 이 리스트의 신빙성을 말해주는 거예요. 만일 이 각본이 무명의 작가들만 경쟁상대로 삼았다면 이러한 결과를 보여줄 수 없었겠죠."[15]

가장 초기에 등장했던 블랙리스트에서는 각본이 이미 제작 중인지, 그렇지 않은지를 말해주지 않았다. 그 이후에 등장한 블랙리스트들은 이에 대한 정보까지 밝히고 있지만, 프랭클린은 이러한 정보를 밝히면서 사람들의 인식에 문제가 생겼다고 생각한다. 초기에는 제작되지 않거나 관련자가 없는 각본이 대부분이었던 반면, 요즘에는 제작되거나 관련자가 있는 각본들도 실리고 있다.

변화는 불가피했다. 블랙리스트에 문제가 생겼다면 다음과 같은 힙스터(유행 등의 흐름을 따르지 않고 자기만의 문화를 좇는 부류-옮긴이) 투의 불만이었을 것이다. "모든 사람들이 좋아하니까 별 관심이 안 가는데." 프랭클린의 입에서 나온 말이다. 마치 라디오헤드가 유명세를 타기 전에는 좋아했다가 '모두들 좋아하게 된 다음부터는 더 이상 듣기 싫은' 기분과도 비슷했다.

블랙리스트는 워낙 강력한 스포트라이트를 비추는 탓에 일부 작가의 인생을 바꾸기도 한다. 작가의 자전적 이야기로 구성한 〈주노〉는 디아블로 코디의 첫 작품으로, 그녀는 "그 누구도 블록버스터가 될 것이라 예상하지 못했다"라고 말한다. 그러나 이 작품은 블랙리스트에 오르면서 대박을 터트려 1억 4천만 달러의 흥행을 기록했다. 코디는 스콧 마이어에게 갑자기 찾아온 엄청난 성공 속에서 어떻게 운신해야 할지 모르겠다고 고백했다. 코디는 스스로에 대한 인식이 '내가 뭘 해도 할 수 있을 것'이라는 수준으로 바뀌게 된 것이 자신에게 하등의 도움도 되지 않고 긍정적인 효과도 주지 못하는 느낌이었다. 과거에 그녀는 〈주노〉의 대사 일부에서 민망해할 정도로 실수를 연발했다. "제가 〈주노〉를 쓰던 당시에는 영화각본을 어떻게 쓰는지도 몰랐어요. 그게 이 작품이 가진 매력이라고 생각해요. 설마 이 각본이 영화로 제작될 거라고는 상상도 못 했죠! 온통 실험적인 가정뿐이었거든요." 그러나 이내 그녀가 저술한 거의 모든 작품이 인정받기 시작했다. 이처럼 지속적인 성취를 이루면 사회로부터 너그럽게 인정받을 수 있고, 여기에 수반하는 대가 또한 존재하기 마련이다.

블랙리스트가 이처럼 영향력 있는 문서가 될 수 있었던 비결은 무엇일까? 블랙리스트는 어디까지나 리스트일 뿐이다. 프랭클린은 블랙리스트가 할리우드에 미친 영향을 과장하지 않으려 조심한다. 그러나 내가 보기에 그는 영화계에 아주 교묘한 함정을 판 것 같다. 연구 사례 하나를 갖고서 모든 행동의 내막을 설명하기는 어렵지만, 여기에서만큼은 간단한 말로 요약할 수 있을 것 같다. 성공적인 각본을 선택하는 과정에서는 애시 실험과 같은 오류가 발생할 수 있으나, 블랙리스트가 이러한 오류의 가능성을 차단했다. 1950년대, 심리학자 솔로몬 애시는 자신도 모르게 의견을 포기하는 과정을 실험으로 증명했다. 여기에서는 두 가지 조건이 전제된다. 1)내 의견이 다수의 의견과 다르며, 2)그 의견을 큰 목소

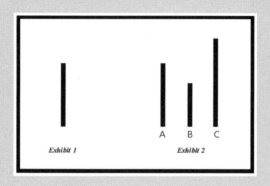

Exhibit 1   Exhibit 2

심리학자 솔로몬 애시의 동조성향 실험

—

1번의 선 길이는 2번의 A와 같다. 하지만 애시의 실험은 모두가 B라고 우기게 되면, 처음에 A
를 고른 사람의 판단도 달라진다는 것을 보여준다. 이 테스트는 인간이 분명한 사실에도 불구
하고 위험을 감수하는 것을 얼마나 두려워하는지를 알려준다.

리로 주장해야 한다. 애시는 간단한 시력 테스트에 자원한 사람들 여덟 명을 같은 방에 들여보냈다.[16] 이 가운데 일곱 명은 일부러 틀린 답을 말하도록 연기해야 했다. 여덟 명 모두 차례로 돌아가며 오른쪽 카드에 그린 선 가운데 어떤 선이 왼쪽 카드의 선과 길이가 같은지를 큰 소리로 말했다.

왼쪽의 그림을 보면 어떤 선이 정답인지 누가 봐도 알 수 있다. 단체 실험에 참가하지 않고 혼자서 이 문제를 풀어야 한다면 평균 95퍼센트 확률로 누구나 정답을 맞힐 것이다. 그러나 영문을 모르고 단체 실험에 참가한 지원자는 다른 연기자들에게 이끌려 정답을 맞힐 확률이 25퍼센트까지 떨어진다. 연기자들의 수가 많아질수록 지원자는 틀린 답을 말하기가 쉬워진다. 애시로부터 실험의 의도를 듣고 다른 사람들이 일부러 틀린 답을 말했다는 사실을 안 지원자는 주변의 압력에서 벗어나 아무 거리낌 없이 정답을 말했다. 그러나 실험의 내막을 모르는 지원자는 뭐가 정답인지 정말로 헷갈렸다고 끝까지 우기려 들었다. 내 의견이 소수에 그칠 때 금세 포기하게 되는 것뿐 아니라, 내가 뭘 하고 있는지조차 모르게 되는 것이다.[17]

다수와 다른 의견을 고집하면 몸이 대가를 치르게 된다. 신경경제학자 그레고리 번스는 2005년, 애시 실험을 재현하면서 촬영한 fMRI 영상을 통해 이러한 사실을 발견했다. 그는 개인이 집단의 의견에 따라 자신의 주관을 바꿀 때 뇌에서 어떠한 반응이 일어나는지를 알고 싶었다. 연구 결과, 집단과 다른 의견을 말한 사람은 편도체가 활성화되면서 불안에 시달릴 때 느끼는 '투쟁-도피' 반응이 시작되었다.[18] 다수 의견에 맞서려면 용기가 필요한데, 이는 공식을 파괴하려는 이들에게 요구되는 대표적인 자질이다.

영화 산업에서는 늘 애시의 테스트가 반복된다. 이 산업은 제작과 배급에 쓸 각본을 승인하기 전에, 무언가를 가장 비슷한 비교 대상과 동일시하는 과정이 선행된다. 상업성이 있을지 판단하려면 내 의견을 공개하고, 반대에 필요한 용기를 내면서 내 앞에 놓인 각본이 과거의 작품들과 얼마나 비슷한지를 판단해야 한다. 평범하지 않은 각본의 경우, 이러한 판단은 더욱 어려운 일이 되어버린다. 특이한 작품과 기존의 작품을 비교하는 것은 거의 불가능한 일에 가깝다. 예컨대 배트맨 코믹스의 작가 중 한 명이었던 마이클 우스랜(Michael Uslan)은 1986년 개봉한 가족 영화 〈애니〉의 비교 대상으로 가장 많이 꼽혔던 작품이 자신이 제작한 영화 〈배트맨〉이었다고 말했다. "아시다시피, 〈배트맨〉이 그들이 생각할 수 있는 유일한 만화영화였어요." 그는 몇 년 전, 마음속에서 떠나지 않는 분노를 이기지 못하고 이렇게 한탄했다. "애니! 불쌍한 고아 같으니라고!"[19]

보안 처리가 된 이메일 시스템을 통해 의견을 구하면서 프랭클린은 대중들이 외면할지도 모른다는 두려움을 없애고 영화계 전문가들이 피해가기 어려운 숨겨진 애시 테스트를 배제할 수 있었다. 블랙리스트의 익명성은 은밀한 사적 공간을 창출했다. 대중들의 평가는 외딴곳에서 논의될 수밖에 없었다. 스탠리 큐브릭 감독이 한탄했듯이, 영화계에서 벤치

마크처럼 쓰이는 비교 항목으로는 속편, 슈퍼히어로 등을 비롯해 '성공을 정형화하고, 성공을 반복하도록 만드는' 공식화된 모델이 있다.[20] 그는 그저 어떤 작품을 좋아하는지 물으면서 이러한 정형적인 비교 항목의 의의를 반감시켰다.

윌 스미스의 성공 공식 vs 〈슬럼독 밀리어네어〉의 반란

블랙리스트의 의도치 못한 영향력을 높이 평가하더라도, 한 가지 역설적인 사실은 간과하기 어렵다. 프랭클린은 윌 스미스가 설립한 제작사에서 일하고 있었다. 윌 스미스는 상업성이 확실한 프로젝트만 선택하면서 가장 흥행성 높은 배우로 인정받았고, 그 결과 지금까지 할리우드에서 흥행 보증수표로 통하고 있다.[21] 1990년대에 그는 영화배우보다는 드라마 탤런트로 알려져 있었고, 할리우드 인사들과는 미팅 한번 하기 어려운 신세였다고 스스로 고백한다. 그러나 그의 목표는 '세계 최고의 영화배우가 되는' 것이었다.

스미스와 그의 파트너는 흥행에 성공한 상위 열 개의 영화를 검토한 다음 트렌드를 분석해보았다. 한때 엔지니어의 꿈을 품고 MIT에 입학할 수도 있었던 두 사람은 일정한 패턴을 발견할 수 있었다. "우리는 상위 열 개 작품 모두가 특수 효과를 표방한다는 사실을 깨달았어요. 열 개 중 아홉 개는 등장인물에 특수 효과를 가미했고, 열 개 중 여덟 개는 등장인물과 러브 스토리를 두고 특수 효과를 시도했죠." 그는 2007년 〈타임〉과의 인터뷰에서 이렇게 말했다.

윌 스미스의 대표작은 무엇일까? 〈맨 인 블랙〉, 〈나쁜 녀석들〉, 〈히치〉, 〈행복을 찾아서〉, 〈나는 전설이다〉 등을 큰 그림에서 분석해보면 외계인 영화 및 특별한 등장인물들의 러브 스토리로 나눌 수 있다. 두 사람은 국가별 박스 오피스 순위의 중요성을 아울러 깨달았다. "영국에서 3천만 달러, 일본에서 3,700만 달러, 독일에서 1,500만 달러를 긁어모을 수 있다면 다른 배우들이 출연한 영화에 비해 제작사들의 눈을 번쩍 뜨이게 만들 수 있겠더군요."[22]

그래서 그는 새로운 영화를 찍을 때마다 국제적인 이벤트를 빌미로 가보지 못한 나라를 방문한다. 예컨대 카니발이 열릴 때는 브라질 리오를, 한일 월드컵이 열릴 때는 한국을 방문하는 것이다. 〈인디펜던스데이〉와 〈맨 인 블랙〉 이후 윌 스미스는 흥행의 보증수표로 통하기 시작했다. 그가 출연한 영화는 최소 1억 5천만 달러의 수입을 보장해주는 것으로 보인다. 지금껏 그 어떤 현역 배우도 이러한 수준을 넘어서지 못했다.[23]

윌 스미스는 영화계의 성공 공식을 풀어냈다. 그가 일군 성과를 보면 왜 제작사들이 훌륭하지만 특이한 각본을 선뜻 선택하지 못하는지를 이해할 수 있다. 이와 반대로, 프랭클린의 블랙리스트는 공식에 얽매이지 않는 제작사들이 성공할 수 있는 가능성을 보여준다. 수입과 비용의 균형을 맞추기 위해 더욱 보수적인 결정이 필요한 환경이라면, 트렌드나 기존 자료에 의지하기보다는 블랙리스트의 도움을 받아 내용이 우수한 작품에 투자할 수 있다.

이로써 우리가 롯의 아내 증후군(Lot's Wife Syndrome)이라 부르는 현상에 제동을 걸 수 있다. 롯의 아내 증후군이란 성공을 반복하기 위해 기존의 영화를 돌아보는 경향을 의미한다.[24] 후원가들 사이에서 블랙리스트는 작품성은 높지만 흥행 가능성이 떨어져 보이는 작품도 잘만 만들면 흥행할 수 있다는 충분한 증거가 될 수 있다.

이를 보면 영화의 진정한 가치를 슈퍼히어로, 속편, 과거에 성공한 작품들에서 찾기보다는 어디에 내놓아도 작품성을 인정받을 스토리에서 찾아야 한다는 교훈을 되새길 수 있다. "우수한 작품을 드높이세요. 우수한 작품은 당신이 있으리라 생각한 곳에 없을 수도 있습니다." 이것이 바로 블랙리스트의 성공학이었다.

유사한 사례는 무수히 많다. 영화 〈슬럼독 밀리어네어〉는 희화화의 대상이었다. "오, 백만장자가 되고 싶은 인도 소년 이야기라고? 그거 참 엄청나겠네." 그러나 프랭클린은 "각본은 정말 훌륭했어요."라고 회상했다. 〈슬럼독 밀리어네어〉로 오스카상을 수상한 대니 보일 감독마저 각본을 보자마자 게임쇼를 다룬 영화는 생각이 없다고 말하며 거절하려 했다. 그러나 그는 10분간 각본을 읽고 나서 생각을 바꿨다. "당장 만들어야겠다는 생각밖에 들지 않더군요."[25]

이 각본의 제작을 맡은 워너 인디펜던트 픽처스가 2008년에 문을 닫고 이 영화를 DVD에 담아 배포하기로 결정한 것을 감안하면, 2007년 블랙리스트에 올라 세간의 관심을 끌게 된 것이 천만다행이라 볼 수도 있다. 〈슬럼독 밀리어네어〉는 2008년 토론토 필름 페스티벌에서 250개의 쟁쟁한 영화들을 제치고 관객 선택상(People's Choice Award)을 수상하며 오스카상 열 개 부문에 후보로 올랐다(한 해 전, 〈주노〉 또한 대중들의 사랑을 받아 관객의 선택상 부문에서 2위에 올랐다).

"블랙리스트는 들어온 프로젝트를 두 번 세 번 검토할 필요가 있다는 사실을 시사한다." 프랭클린이 〈월스트리트저널〉의 에디터 미셸 쿵(Michelle Kung)에게 해준 말이다.[26] 소니 컬럼비아 픽처스의 공동대표였던 맷 톨마크(Matt Tolmach)는 독립된 제작사를 차리고 나서 2010년 블랙리스트에 실린 오렌 우지엘(Oren Unizel)의 〈더 키친 싱크〉에 주목했다. 그는 이 작품을 아무도 선택하지 않았다는 사실에 놀라움을 금치 못했다. 〈더 키친 싱크〉는 〈조찬 클럽〉풍의 영화로 제목에서 작가가 자신의 모든 것을 탈탈 털어 넣었다는 사실이 드러난다. 그는 이 작품을 발굴한 것이 '무심코 놓친 영재를 뒤늦게 찾은 것'과 마찬가지였다고 말했다.[27]

블랙리스트는 애시 실험의 부작용을 제거하면서 예술과 상업성이 팽팽하게 맞선 업계를 향해 각본 집필에 탁월함을 추구해도 된다는 메시지를 던졌다. 마틴 스코세이지 감독은 작품성과 대중성의 딜레마로 얼마나 큰 중압감에 시달리는지 설명한다. "이런 식으로 해야 한다고 귀띔하는 사람들이 있고, 제작비 지원을 받으려면 꼭 이 배우를 써야 한다고 조언하는 사람들도 있어요. 결국 다음과 같은 위협에 시달리는 거죠. 만일 이런 식으로 하지 않으면 흥행에 실패할 거야. 만일 저런 식으로 하지 않으면 아무도 투자하지 않을걸."[28] 그 결과 작품성이 가장 뛰어난 각본이라도 제작으로 연결되지 못하는 경우가 허다하다. 블랙리스트 없이 감독의 시각이나 배우의 연기를 통해 각본을 선택하고 가공한다면 원작의 취지를 왜곡하기 쉽다. 블랙리스트는 이러한 편견에서 벗어나 내용 자체만을 평가하는 포럼으로서의 역할을 담당한다. 요즘 세상에 이러한 포럼을 찾아보기 힘든 것은 물론이다.

블랙리스트는 대중들의 평가에 맞서도록 도와준다. 각본가들은 하루도 거르지 않고 애시 실험을 치르기 마련이다. 이는 승자가 모든 것을 독식하는 영화계에서 으레 거쳐야 할 통과의례로, 각본을 제안하는 작가들은 관계자들의 방에 들어가 자신을 쳐다보는 두세 사람 앞에서 영화의 윤곽을 설명해야 한다. "약간의 어색함을 무릅쓰고, 소파에 앉아 공상의 세계를 펼치는 거죠." 노아 오펜하임(Noah Oppenheim)은 이렇게 말한다. 그가 각본을 쓴 영화 〈재키(Jackie)〉는 2010년 블랙리스트에서 2위를 차지했다. "거의 대부분 다른 사람의 작품이 더 낫다는 말을 듣게 되고, 그 말을 듣는 순간 마음이 약해지기 마련입니다."[29] 거절하고 인내하기 위해서는 내 작품이 시원찮다는 목소리에 대항할 수 있어야 한다. 그러려면 끈기, 또는 신념이라 불리는 자질이 필요하며 상상 이상의 용기를 내야 한다. 끊임없는 자기 수정을 거쳐야 하기 때문이다.

블랙리스트는 설명하기 힘든 성질로 인해 생산적이고도 집약된 기제를 갖추게 되었다. 이 리스트는 어느 날 갑자기 등장했다. 보통 우리는 설명할 수 있는 사건보다 풀 수 없는 미스터리를 고민하려 든다. "검은색이란 새로운 흰색이다"라는 제목을 표방한 리스트 또한 우리들의 이러한 성향을 특별히 자극한 셈이다.[30]

프랭클린은 블랙리스트를 만든 것에 안주하지 않고 끊임없는 탐구를 통해 격차를 줄이려 애쓴다. 산더미 같은 각본들 사이에 숨은 우수한 각본과 이를 손에 쥐어야 하는 제작자들 사이에는 쉽게 좁혀지지 않는 거리가 존재하기 때문이다.

이 과정은 어찌 보면 학문적 탐구와 유사하다. 나는 이러한 탐구를 보이지 않는 것을 찾기 위해 세상 곳곳을 뒤지고 리스트의 형태로 제공하려는 호기심의 발로와 동일시한다. 이 리스트는 모든 사람들 앞에 펼쳐진, 주제와 순서를 맞춰 구성된 공연이다. 프랭클린의 노력이 지향하는 또 다른 목표는 작품에 더 손쉽게 접근할 수 있는 체계를 구축하는 것이다. 이러한 목표를 달성한다면 탁월함을 희생하지 않고도 예술과 상업성 사이에 자리 잡은 갈등을 제거할 수 있다.

블랙리스트의 확장에 대한 전반적인 반응은 긍정적이었다. 디지털 블랙리스트는 워낙 유명해져 미국 작가협회 서부 지구와 합작을 맺기에 이르렀다. 프랭클린이 지금껏 존경해왔으나 한 번도 만나지 못한 작가들 또한 리스트에 깃든 노력에 반해 프랭클린에게 호감을 품기 시작했다. 그들은 리스트 제작 의도와 여기에 쏟은 노력의 의의를 높이 평가했다.[31]

블랙리스트의 디지털 버전을 완성한 프랭클린과 대화를 나누며, 한때 친숙했던 창작물에서 벗어나 그것을 새롭게 갱신하는 사람을 만나고 있는 느낌이었다. 그는 위트가 넘치면서도 따분한 구석이 있었다. 많은 예술가들은 작품이 홀로서기를 해야 할 시점이라는 사실을 알고서 어렵사리 창작한 작품을 대중들에게 선보인다. 디지털 버전을 다룬 수많은 기사 가운데 프랭클린은 "블랙리스트가 선을 넘었다"라는 부정적인 기사부터 언급했다. 대수롭지 않은 듯, 그는 이렇게 말을 잇는다.

"비관주의에서는 아무런 가치도 찾을 수 없다는 진리를 알게 되었죠."

그가 블랙리스트에 오른 작가들로부터 배울 수 있었던 교훈이었다.

7장

행동 법칙 7 — 학습의 즐거움

새로운 것을 배우면 돌파구가 보인다

간단하지만 혁신적인 발상은 어떻게 가능한가. 세계 최초로 꿈의 신소재로 불리는 그래핀을 분리해 낸 연구로 노벨상을 받은 앙드레 가임. 그가 그래핀을 추출한 방식은 연필심에 셀로판 테이프를 붙였다 떼어 내는 것이었다. 그의 별명은 괴짜 과학자였다.

"무언가를 알고, 그러고 나서
모르는 방법을 아는 것이야말로
가장 어려운 수수께끼다.
찰나의 순수, 순간의 절박한 유희를 찾기 위해
얼마나 많은 준비가 필요한가.
모르는 방법을 배우기 위해서는."

– 필립 거스턴[1]

2010년 노벨 물리학상을 수상한 물리학자 앙드레 가임은 대부분의 사람들이 그가 밟아온 여정을 생소하게 느낄 것이라고 짐작한다. "나는 사람들에게 노벨상을 타고 싶다면 이그 노벨상을 먼저 노려보라고 말해줍니다." 가임은 폭소를 터트리는 청중들을 상대로 표정의 변화 없이 냉소적인 위트를 발휘한다. 청중들 또한 가임이 노벨상과 이그 노벨상을 동시에 수상한 유일한 과학자라는 사실을 모를 리 없다. 이그 노벨상이란 별난 실험을 시도해 사람들을 웃음에 빠뜨리면서도 생각의 단초를 제공하는 과학자에게 수여하는 상인데, 이 상을 받으면 경력에 타격을 입게 된다고 알려져 있다.[2]

비상시에 잠든 사람을 깨우기 위해 와사비로 된 알람시계를 만들어낸 사람은 화학상을, '사람들이 하루가 멀다 하고 한숨을 멈추지 않는 이유'를 연구한 사람은 두 차례 심리학상을, 경제적 궁핍이 '악성 치주 질환'의 전조임을 밝힌 사람은 경제학상을, '욕을 하면 고통이 덜어진다는 통념을 증명한' 사람은 평화상을 수상했다.[3] 위트 있고, 우스꽝스럽고, 교묘하게 사람들의 시선을 끄는 이 상을 두고, 저명 과학 잡지 〈네이처〉는 〈개연성이 희박한 연구(Annals of Improbable Reserach)〉지가 만든 이 상이 "과학 역사의 하이라이트임이 명백하다"라고 말했다.[4]

가임은 자석을 매단 살아 있는 개구리를 공중에 띄우면서 2000년에 이그 노벨상을 수상했다. 노벨상을 수상하기 10년 전에 이그 노벨상을 수상한 것은 좋은 조짐이었다. 그는 노벨상 수상 인터뷰에서 이그 노벨상을 받은 경험을 자랑스럽게 말했다. "경험에 비추어볼 때 유머 감각이 없는 사람들은 최고의 과학자가 되기 힘들어요." 그는 이렇게 추론했다.[5]

정신 나간 짓을 혁신으로 바꾼 물리학자

날아다니는 개구리의 이미지는 잡지 〈물리학 세상(Physics World)〉에 1997년 4월 소개된 이후 여기저기에 등장했다. 많은 사람들은 이를 만우절 장난이라고 생각했다.[6] 그러나 가임은 이에 개의치 않았다. 대부분의 사람들은 철의 자력에 비해 수백 배 약한 물의 자력으로는 중력에 반작용을 일으킬 수 없다고 생각했다. 그러나 이 실험은 물의 자력이 지닌 진정한 힘을 보여주었다.

네덜란드 라드바우드 대학의 교수로 처음 사회생활을 시작한 가임은 학교의 네이메헌 고자력장 실험실에서 일하며 전자석을 맘껏 만질 수 있었다. 연구실에 설치된 이 전자석은 세계에서 가장 강력한 전자석에 속했다. 전자석은 방대한 전력을 소비하므로 연구실은 전력 요금이 싼 저녁에만 전자석을 가동했는데,[7] 가임은 장비와 돈이 없어 지속할 수 없었던 이전의 자력 실험이 궁금해졌다. 만일 '자력수'가 존재한다면, 이 장비를 통해 가장 완벽히 입증할 수 있다는 생각이 들었다.

금요일 저녁, 그는 전자석을 최대출력으로 가동시키고 이 비싼 기계에 물을 붓는 모험을 감행했다. 그는 지금도 자신이 왜 그토록 프로답지 못한 행동을 했는지 알쏭달쏭해한다. 그러나 실험을 시작하자마자 쏟은 물이 수직 튜브의 벽면에 붙어버리는 동시에 물방울이 떠다니는 광경을 목격할 수 있었다. 물방울은 공중에서 떨어지지 않았다. 결국 그는 '물이 띤 약한 자력'도 지구의 중력에 반작용을 일으킬 수 있다는 사실을 발견한 것이다.

그는 수분을 함유하는 온갖 물체(딸기, 토마토 등 튜브에 들어갈 수 있는 모든 물체)를 떨어뜨려보았다. 마침내 그의 아내인 응집물리학자 이리나 그리고리에바(Irina Grigorieva)를 비롯해 같은 연구실에 있던 동료들은 모든 물질에 자력이 존재한다는 증거로 양서류 동물을 이용해보라고 제안했다. 개구리는 도마뱀, 거미나 커다란 햄스터에 비해 실험용으로 쓰기에 훨씬 적합했다.[8] 개구리의 넘치는 매력 때문일까, 수많은 과학 교과서들이 이 발견을 다루다 보니 가임의 이름을 듣고 날아다니는 개구리를 떠올리는 사람들도 있었다. 공중 부양 개구리 사진은 기이한 호기심을 자극했다. 영국 남서부에서 오신 목사님 한 분이 가임에게 '아주 이상한 질문'을 던진 적이 있다. 그는 공중 부양 기계를 바닥 밑에 숨길 수 있는지, 그 기계가 오르간 소리를 방해하지는 않는지 물어보았다. 가임은 이렇게 대꾸했다. "이 실험을 그렇게 응용할 수도 있겠군요!"[9]

많은 동료들은 이그 노벨상에 대한 대중들의 인식을 감안하면 상을 받는 순간 그의 명성이 타격을 입을 것이라고 경고했다(그래서 수상 후보자들은 선정되고 난 이후 몇 주간 수상 자격을 포기할 수 있는 숙려 기간을 가진다). 바비큐가 준비된 요란한 시상식은 1,000여 명의 관중 앞에서 펼치는 촌극의 향연이다. 가임은 동료 마이클 베리에게 같이 상을 받자고 제안했다.

가임은 이렇게 말했다. "그는 자신을 부끄러운 일에 이용했다고 지금도 내게 불평을 늘어놓죠. 다른 이유도 없지는 않을 거예요." 그는 10년 전을 떠올리며 아리송한 웃음을 터트리다가 갑자기 말을 멈추고 얼굴에 홍조를 띠면서 의자에 기댔다.[10] 이를 겸손한 태도에서 풍기는 자기비하로만은 볼 수 없었다. 그와 노보셀로프가 이러한 과정을 밟지 않았다면 그래핀(Graphene)을 분리할 수 없었을 것이다.

앙드레 가임과 콘스탄틴 노보셀로프는 지구에서 최초로 2차원의 실체를 분리한 물리학 실험을 했다. 그래핀이라는 물질을 들어보았는가? 육

각형 모양의 탄소가 2차원의 단층을 이룬 이 물질은 흑연에서 발견되며 지금껏 알려진 모든 물질 가운데 가장 얇고, 가장 질기고, 가장 전기 전도성이 높다.[11] 그래핀은 실크보다 가늘고, 철보다 200배나 강하며, 금보다도 비활성이다. 그래핀으로 차를 만들면, 벽을 뚫고 지나갈 수 있을 정도로 강하면서 지구 상에서 가장 가볍기도 한 차가 등장하는 것이다. 그래핀은 태양전지에서부터 트랜지스터에 이르기까지 상업적으로 응용될 가능성이 높아 실리콘을 대체할 것으로 기대된다. 두 사람이 이룬 업적은 여기에서 그치지 않는다. 그들은 학문적 영역에서만 가능하다고 알려진 현상이 실제로 존재한다는 사실을 확인했다.

찬사를 얻은 두 물리학자는 가임이 '금요일 밤의 실험(Friday Night Experiments)'이라 일컫는 실험을 통해 비전문가의 장점을 이용할 수 있었다. 이러한 실험에 집중하는 그들은 '앞이 보이지 않는 정신 나간 짓'에 몰두하고 있는 것이나 다름없었다. 하지만 노보셀로프는 이렇게 말했다. "그렇지만 성공한다면 중대한 혁신을 가져올 수 있는 정말 놀라운 일이 될 겁니다."[12]

가임은 과학자가 된 이후 업무 시간의 10퍼센트를 이 연구에 할애했다. 당시 노보셀로프는 박사 과정을 밟고 있는 학생에 불과했으나, 오직 이 실험에 이끌려 네덜란드에 있는 가임의 연구실에 합류했다. 2010년, 가임과 함께 노벨 물리학상을 수상한 노보셀로프는 지난 30년간 노벨 물리학상 최연소 수상자의 기록을 경신했다.[13] 당시 36세였던 그는 연구를 마쳤으나 박사 학위 논문을 정식으로 제출하지 않은 상태였다.

연구실의 휴식 시간에 비유할 수 있었던 금요일 밤의 실험은 워낙 그 내용이 기이하다 보니 실험실에서 같이 일하던 박사, 대학생, 대학원생들의 경력을 망치지 않기 위해 실험 기간을 몇 달간으로 제한해야 했다.

가임의 시각은 '지루하려거든 잘못되는 편이 낫다'라고 표현할 수 있다. 과히 믿지 않은 직설적인 시각이다. 실제로 그는 금요일 밤의 실험에서 실패를 각오했다.[14] 당연히 그 누구도 금요일 밤의 실험을 후원하지 않았다. 이 실험의 속성을 생각해볼 때 전혀 놀랍지 않은 일이다. 이 실험은 다른 사람의 영역에 침투한 다음 '관련자들이 굳이 물어보려 하지 않는 질문들을 솔직하게 물어보는 것'에 비유할 수 있었다.

마침내 이 실험이 일군 성과가 물리학자들에게 알려졌다. 도저히 성공할 것 같지 않았지만, 스물네 번 가까이 거듭하면서 여러 번 성공에 근접했다. 완벽하게 성공한 횟수는 세 번이었고, 성공확률을 계산하면 12.5퍼센트였다. 날아다니는 개구리와 반자성의 사례가 첫 번째 성공이었고, '도마뱀붙이 테이프'를 만든 사례가 두 번째 성공이었다. 도마뱀붙이 테이프라는 명칭은 달라붙는 성질이 있는 털북숭이 도마뱀붙이의 발에서 영감을 얻었다. 그리고 그에게 노벨상을 안겨준 그래핀의 분리가 세 번째 성공이었다.

"가장 큰 모험은 자신이 전문가가 아닌 분야로 들어가는 일이죠. 내가 종종 하는 농담이 있어요. 내 관심사는 리서치(research, 연구)보다는 서치(search, 찾기)라고요."

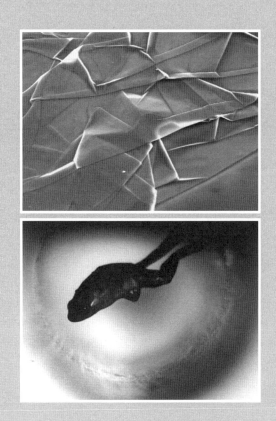

2010년 앙드레 가임에게 노벨상을 안겨준 물질 그래핀(위)
2000년 이그 노벨상을 받은 '비행 개구리' 실험(아래)

—

앙드레 가임은 자신의 관심사는 리서치(research, 연구)보다 서치(search, 찾기)에 있다고 말한다. 개구리, 딸기, 연필, 스카치테이프 등 일반적으로 물리학자의 실험실에서 사용한다고 생각하기 어려운 것들을 찾는 것이다. 중요한 것은 그런 독특한 발상을 꾸준히 오래 시도해왔다는 점이다.

그는 두 사람의 경력에 대한 철학을 말해주었다. 무엇이든 '얄팍하게 섭렵하는' 것이 그들이 품고 있는 철학이었다. 그들은 5년간 한 분야에서 머물며 나름의 성과를 올린 다음 그 분야와 작별했다.[15] 순전히 재미를 추구하는 것 같고 독창성이 넘치다 보니 사람들의 눈에는 그들이 과학을 연구하는 것처럼 보이지 않았다.[16] 자신의 경험에 의지해 열린 자세로 새로운 가능성을 탐구하려는 전문가는 제삼자의 눈에 초보자로 보일 수 있다. 어쨌건, 완벽을 향한 끝없는 여정에서 이러한 자세를 취해야만 얻을 수 있는 성과는 분명히 존재한다.

가임과 노보셀로프는 그래핀을 연필에 쓰이는 흑연에서 찾아냈고, 흑연보다 조악한 스카치테이프를 이용해 그래핀을 분리했다. 물리학자들은 지금껏 탄소를 연구한 적이 없었다. 가임과 노보셀로프의 연구팀은 과학 문헌을 읽는 데 많은 시간을 할애했으나, 가임은 실험 전에 너무 많은 자료를 읽는 것은 "정말로 치명적일 수 있다"고 확신했다. 그래서 그들은 독자적인 생각을 방해받지 않기 위해 너무 많은 자료를 읽지 않으려 조심했다.[17] 발상은 첸토('이것저것 모아 엮음'이란 뜻. 여러 작가 또는 작품으로부터 발췌해서 만든 문학 작품이나 음악 작품을 가리킨다-옮긴이)와 마찬가지로 시간이 갈수록 누적되는 생각을 모으면서 솟아난다. 새로운 프로젝트나 실험을 시작하기 전에 너무 많은 자료를 접하면 그것이 벌써 다른 사람들의 손에 완성되었다고 결론 내리기 쉽다.

아마추어만이 가지고 있는 배움의 자세

새로운 분야의 지식을 습득하거나 공부하는 것은 완벽으로 가는 여정을 '오래' 계속하기 위해 꼭 필요하다. 능수능란함을 유지하는 최고의 비결은, 한번씩 전문가의 자리를 포기하고 의도적으로 아마추어가 되어보는 것이다. 전혀 알지 못했던 것, 지금껏 나와 상관없던 것들에 부딪쳐보는 것이다. 충분히 익숙한 상태에서 맞이하는 이 새로움은 사물을 보는 시각을 바꿀 수 있도록 도와준다.

예술가들 사이에서 널리 인정되어 왔던 이러한 변화는 자유로움에서 비롯된다. 이런 자유로움은 '초심'의 한복판에서 싹을 틔운다. 미국 소설가 어스킨 콜드웰은 〈파리 리뷰〉에서 집필 과정을 이렇게 설명했다. "나이가 들어갈수록 모든 책은 조금씩 어려워집니다. 그 이유는 내가 하는 일에 비판적으로 변하기 때문이 아니라, 어디에서 잘못되었는지 알면서도 바로잡을 수 없는 단계에 이르기 때문입니다."[18] 안무가 트와일라 타프는 나름의 기술을 이용했다.

> "경험은 당신에게 문을 열어줍니다. 하지만 동시에 문을 닫는 역할도 담당하죠. 당신은 문을 열어준 기억에만 의지하며, 예전에 주효했던 것들에만 집착하려 합니다. 새로운 것을 시도하지 않는 거죠."[19]

심리학자들은 전문가들에게 찾아오는 부지불식간의 패턴을 '아인슈텔룽 효과'라 지칭한다. 이는 분명히 더 나은 대안이 있는데도 늘 하던 방식대로 행동하고 사고하는 것을 뜻한다. 나도 모르게 자리 잡는 편견이 다양한 시각을 방해할 수 있는 것이다.[20] 이와 반대로 아마추어의 자세로 돌아가면 의외로 '유용한 놀라움'을 발견할 수 있다. 아마추어는 협심해 훈련하고 단계를 밟아 올라가며 배우는 견습생의 수련 과정을 그대로 따른다.

아마추어는 경험이 모자란 풋내기도 아니며, 경험이 넘쳐나는 전문가도 아니다. 늘 '현재 상태에서' 벗어나지 않는 아마추어는 본능과 소망에 이끌려 전문가가 놓치거나 견습생이 파악할 수 없는 가능성을 인지한다. 색소폰 연주자 오넷 콜먼은 한 트럼펫 연주자의 연주를 듣고 "당신의 선율에는 출생증명서가 없군요"라고 말했다. 아마추어가 지니는 자질은 우리를 이러한 경지로 이끄는 동시에 탐험 정신을 유지하도록 도와준다.[21]

아마추어라는 단어는 깔보는 것 같은 분위기가 풍기는데, 기술과 지식이 부족하다는 의미가 담겨 무언가를 취미로 즐기는 호사가나 애호가와 동일시되기도 한다. 호사가나 애호가라는 단어는 모두 가벼운 사람이라는 관념을 담고 있다. 하지만 수백 년 전까지만 해도 아마추어라는 단어는 깔보는 의미로 쓰이지 않았다. 아마추어는 생계를 위해서만 목표를 추구하지 않고, 순수한 즐거움을 위해서도 활동하는 사람을 묘사하는 단어였다. 프랑스어 amateur는 애인, 헌신적인 추종자, 특별한 노력을 추구하는 사람을 의미하는 라틴어인 amotar가 그 어원이다.

아마추어의 모험심은 경이에 사로잡혀 푹 빠진 상태를 구체화한 감정이다. 기진맥진한 순간에 내가 좋아하는 일을 붙잡는 순간, 에너지가 샘솟는 동시에 열정이 마음에서 우러나오며 끈기 또한 생겨난다. 이 순간 시간에 쫓겨[22] 몸이 본능적으로 움직일 수 있다. 가임 또한 기계 한가운데 물을 부었지만, 무엇에 사로잡혀 그런 행동을 취했는지 아직도 알쏭달쏭하다.

독일 철학자 아르투르 쇼펜하우어와 작가 루트비히 뵈르네(Ludwig Börne) 또한 이러한 접근법을 끊임없이 함양하기 위해 함께 주장을 펼쳤다. 이 당시는 수백 년간 지속되어 온 독창성에 관한 논쟁이 꽃을 피운 시절이었다(르네 데카르트가 개념을 정비할 때까지 독창적(original)이라는 단어는 너무 독특해 별로 부럽지 않다는 뜻의 '정신 나간(crazy)'이라는 단어와 동의어로 쓰이곤 했다).[23] 뵈르네는 많은 논쟁을 불러일으킨 〈3일 만에 독창적인 작가가 될 수 있는 방법(How to Become an Original Writer in Three Days)〉이라는 에세이에서 '스스로를 무식하게 만드는 기술'을 옹호했다. 고대 문서의 이면에 자리 잡은 로마 고전을 파악하려면, 교부들의 논쟁과 분노에 찬 수도승의 독설을 발라내고 읽어야 한다.[24] 그는 이 에세이를 통해 물려받은 지식이란 고대 문서와 비슷하다고 주장했다.

쇼펜하우어는 뵈르네의 생각에 살을 붙였다. 그는 타인의 생각들로 가득 찬 곳에 늘 머물다가 지식의 안식년이 필요할 때 이러한 발상을 떠올렸다. 그는 나이가 들어 바보 같은 소리만 하게 되고, 독창적인 아이디어를 떠올리지 못하게 될까 두려웠다. 쇼펜하우어는 걷는 행위와 탈것에 의지하는 행위를 비교해 자신의 논리를 구축했다. "탈것에만 의지하고 전혀 걷지 않는 사람은 어디에서도 걷지 못하게 될 것이다."[25] 이처럼 다른 사람이 밟은 길만 따라간다면 나만의 길을 개척할 능력을 상실하게 되는 것이다.

가임은 "과학의 요람에서부터 과학의 관에 들어갈 때까지 한번 들어선 철로에서 벗어나지 않는다면 연구에 흥미를 잃게 될 것이다"라고 종종 말했다.[26] 그러나 이러한 교훈을 전략으로 삼는 사람들을 거의 찾아보기 어렵다.

가임은 이렇게 설명했다. "언제든 바보 취급을 당할 수 있어요. 쓸데없어 보이는 일에 매진하고 시간을 투자한다면 경력에 타격을 입고 외톨이가 되기 쉽거든요."[27] 목표를 향해 걸어가는 사람은 길을 잃고 헤맬 수 있다. 반도체 물리학에서 초전도체로 연구 분야를 바꾼 가임은 연구 주제를 바꾸는 것이 얼마나 어려운 일인지 고백했다. 그는 "저명 논문 몇 건을 들고 회의에 참석했을 때, 나는 조교수에 불과했어요. 이 분야에서는 초보자였죠. 사람들은 내 얼굴을 쳐다보고 이렇게 수군거렸어요. '이 논문 쓴 사람 누구야? 하는 일이 뭔데?' 내가 완전히 다른 분야에 속해 있다 보니, 위태로운 상황이었죠. 과학적으로도, 정신적으로도 미지의 세상에서 움직이고 있었으니까요."[28] 이러한 접근 방식은 후퇴를 통해 앞으로 전진하고, 뒤처지지 않기 위해 힘껏 달려 도약하고, 시간을 낭비하지 않기 위해 분위기를 탐지하는 것을 의미한다.

공부가 놀이인 사람들

"놀이라는 주제를 논의하고 싶네요." 노벨상 위원회의 기획부장(editorial director) 애덤 스미스가 한 말이다. 그는 시상식에 앞서 가임과 노보셀로프의 공식 인터뷰를 기획했다. "사람들은 과학을 매우 진지하게 생각하는 경향이 있지만, 과학은 아주 흥미로운 놀이의 대상이에요. 특히 당신도 연구 활동의 최전선에서 놀이를 즐기고 있을 거예요. 당신의 연구 속에 놀이가 어떻게 자리 잡고 있는지 말해줄 수 있나요?"

개회사로는 아주 합리적인 질문이었다. 두 달 전, 그는 전화를 통해 살짝 다른 방식으로 똑같은 질문을 던진 적이 있다. "제 생각엔 '레고 원리'라고 부를 수 있을 것 같아요." 이때 가임은 자신의 철학을 말해주며 우리가 지닌 '레고 조각'을 바탕으로 어떻게 새로운 '설비'와 '자유분방한 지식'을 구축할 수 있는지 설명했다.[29] "어느 정도의 수완, 호기심, 근면성만 있다면 하버드나 케임브리지처럼 영재들과 최고의 설비를 갖춘 대학에 굳이 들어갈 필요가 없습니다. 설비나 명성에서 2류, 아니 3류 대학에 가더라도 놀라운 성과를 이룩할 수 있습니다. 최적의 시기에 최고의 장소에 있지 않아도 가능한 일이에요."[30]

내가 가장 좋아하는 사례는 〈인지(Cognition)〉 저널에 실린 MIT 교수 로라 슐츠(Laura Schulz)의 연구이다. 그녀는 다음과 같이 실험을 기획했다. 두 그룹을 동일한 수의 네 살 어린이들로 구성한 다음, 제1그룹에서는 아이들에게 네 개의 튜브가 달린 장난감을 나눠주었다. 제1그룹에서

놀이가 어떻게 공부가 될 수 있을까?

—

인지과학자 로라 슐츠는 놀이나 즉흥적인 발견에서 비롯되는 배움이 더욱 중요하다고 말한다. 호기심을 불러일으키고, 흥미를 갖고 끈기 있게 해내는 법을 배우는 가장 좋은 방법은 바로 규칙적인 놀이를 즐기는 것이다. 이는 과학과 예술 분야에서 두드러진 성과를 내는 이들이 하나같이 '즐겁게 배우는 과정'을 강조하는 것과 일맥상통한다.

실험자들은 아이들 앞에서 튜브를 불고 튜브에서 나는 소리에 놀란 것처럼 연기했다. 이후 실험자들은 아이들에게 장난감을 건네고 자리를 떴다. 제2그룹에서는 똑같은 장난감을 나눠주는 대신, 직접 부는 방법을 가르쳐주었다. "이 장난감의 원리를 가르쳐줄게. 나를 보렴!" 실험자는 튜브를 불어 똑같은 소리를 냈다. 이후, 두 그룹에 속한 아이들은 장난감을 후후 불며 같은 소리를 낼 수 있었다. 그러나 제1그룹에 속한 아이들이 제2그룹에 속한 아이들에 비해 장난감을 갖고 노는 시간이 더욱 길었다. 교육이 아닌 놀이를 보여준 제1그룹의 아이들은 튜브에 숨겨진 거울과 같이 실험자가 알려주지 않은 '숨은 성능'을 밝혀냈다. 그러나 놀이가 아닌 교육을 보여준 제2그룹의 아이들은 그 어떤 것도 새로이 발견하지 못했다. 호기심이 증발한 것이다.

이 연구를 통해 얼핏 보아서는 아닌 것 같은 사실이 더욱 확실해진다. 직접적인 교육도 중요하지만, 놀이나 즉흥적인 발견에서 비롯되는 배움은 더욱 중요하다. 끈기를 유지할 수 있는 가장 좋은 방법은 규칙적인 놀이를 즐기는 것이다.

"아이들은 타고난 과학자예요." 인류학자 닐 더그래스 타이슨(Neil deGrasse Tyson)의 말이다. "아이들은 태어나면서부터 주변의 세상을 탐색하죠. 바위라도 들어 올릴 기세이니까요. 아이들은 집 안에 있는 깨지기 쉬운 물건들에 관심을 가져요. 접시를 본 아이들은 바로 굴리려 들죠. 접시를 새로 사면서 '애 키우는 데 돈 많이 드네'라고 말할 수도 있겠지만, 하버드 대학 전 총장 데릭 복(Derek Bok)이 한 말을 상기할 필요가 있어요. 교육비가 비싸다고 느낀다면, 무지의 대가를 돌이켜보라고요."[31]

영국의 소설가이자 물리학자인 찰스 퍼시 스노와 같은 사람들이 예술과 과학의 개념적 연관성을 주장한 것처럼, 권투선수 타이슨, 신경과학자 뷰 로토(Beau Lotto)와 같은 사람들도 모든 분야에서의 혁신이 과학, 발견, 놀이와 연관되어 있다는 견해를 피력했다.

문제는 이처럼 시각을 바꿔주는 놀이가 아이들만의 것으로 여겨진다는 것이다. "가장 큰 장벽은 사람들이 '유치하다'라는 편견을 품고 놀이가 '일'과 배치된다고 생각하는 것입니다." 구글글래스의 책임자였던 아이비 로스(Ivy Ross)의 말이다. 그녀는 진취적인 디자이너이자 마케팅 전문가로 마텔과 갭 같은 회사에서 놀이를 우선하는 새로운 환경을 조성한 것으로 유명하다.[32] 사람들이 놀이의 중요성을 깨닫지 못하는 이유는 앞서 언급한 편견 탓이다. 그러나 침체와 맞설 수 있는 무기가 놀이인 것만은 분명하다. 침체된 인간은 가능성을 보지 못하기 때문이다.

이를 검증하기 위해 로스는 캘리포니아 엘 세군도에 있는 마텔 사의 본부에서 플라티푸스 프로젝트(Platypus Project)라는 이름의 기획을 추진했다. 그녀는 각기 다른 부서에 속한 열두 명을 한 팀으로 구성해 직급을 없애고 책상에 바퀴를 달아 자유롭게 자리를 이동할 수 있도록 만들었다. 사람들은 같이 일할 동료와 하고 싶은 업무를 맘껏 선택할 수 있었다. 개인 전화를 위한 방을 제외하고 작업 공간 전체가 풀밭 같은 카펫으로 덮여 있었다. 자발적인 관심사를 만족시킬 자극제가 널려 있었고, 고무 로켓이나 게임과 같이 머리를 식힐 수 있는 것들이 항상 곁에 있었다.

정해진 스케줄은 아무것도 없었다. 팀은 잘 알지 못하는 새로운 아이디어, 이미지, 개념을 맘껏 이야기했다.[33] "아이디어가 꽉 막히고, 7주가 지날 때까지 해결이 되지 않았지만 실망하는 마음이 들지 않더군요." 로스는 플라티푸스 프로젝트를 이렇게 회상했다.

그들은 항상 전날에 비해 더 큰 혁신을 이룩할 수 있었다. 매우 창조적일 뿐만 아니라 생산성 또한 높다 보니, 이것이 바로 임신의 비결이라는 농담이 나오기도 했다. 임신을 준비하던 여성들은 로스와 12주를 함께 보내는 동안 임신에 성공해 임신 12주 차로 접어드는 경우가 많았다.

로스의 좌우명은 다음과 같다.

"혁신은 결과를 의미하며, 놀이는 정신 상태를 의미한다. 놀이는 종종 혁신을 낳는다."

놀이의 공간은 반드시 널찍할 필요가 없다. 추상적인 생각이 세상을 넓혀주며, 이러한 놀이가 유도하는 혁신은 어린이들의 상상의 공간 속에 자리 잡는다. 맥아더 펠로우 '천재상' 수상자들은 어릴 적 몽상에 빠져 있는 시간이 친구들보다 두 배 가까이 많다고 한다. 미시건 주립대학의 로버트 루트번스타인은 친구 미셸 및 아내와 한 팀을 이뤄 연구한 끝에 이러한 사실을 발견했는데, 그 또한 맥아더 펠로우 상의 수상자이다.[34]

인간은 상상하는 동물이기에 창조가 가능하다. 프랑스의 진취적인 석학 앙리 푸앵카레는 가임과 마찬가지로 수학에서 물리학으로 연구 분야를 옮겼다. 그는 아이디어가 '움직이는 물체처럼' 작동하는 원리를 묘사한다. "결합하는 순간까지 서로 밀고 당기는 느낌이 생생했다. 말하자면, 안정적인 조합을 형성한 것이다."[35] 인간은 인지적 놀이 및 신체적 놀이를 일삼고, 중지하고를 지속적으로 반복한다. 그러나 과학과 예술을 비롯해 탐구가 필요한 그 어떤 분야에서도, 혁신을 인식하는 순간 이러한 일상을 바라보는 시각이 가로막힌다.

당신은 실패를 이야기하는 게 더 즐거운가

심리학자 케빈 던바(Kevin Dunbar)는 1년 넘게 분자생물학 연구실 네 곳에 카메라를 설치해 연구원들을 관찰하며, 아이디어가 탄생하는 과정을 조사했다. 그는 예상 외로 과학자들이 실험실에서 혼자 고개를 숙이고 무엇인가를 발견하는 게 아니라, 다른 연구원들과 이야기를 나누는 과정에서 혁신적인 아이디어가 나온다는 것을 밝혔다. 던바는 연구실에서 범한 실수를 서로 나누며 진지하게 받아들이는 것이 얼마나 값진 일인지, 이를 극복하는 것이 얼마나 중요한지를 가늠했다.

"우리는 과학자들이 어떻게 생각하고, 어떻게 추리하는지 까막눈이에요. 과학적 절차에 대해 거의 아는 것이 없어요." 그는 생화학 실험실 네 곳을 들락거리고, 회의를 따라다니고, 과학 저널과 시상 내역, 실험 결과를 지켜보았다. 그는 모든 요소들이 상호작용하는 양태를 지켜보면서 그들의 실험이 40~75퍼센트 가량의 확률로 실패한다는 사실을 발견했다. 그러나 최고의 과학자들은 그 와중에서도 예상치 못한 것들을 발견해냈다. 그는 해당 연구 분야의 전문가가 아닌 과학자들이 결과를 검토하는 실험실에서 가장 높은 성과를 올린다는 사실을 발견할 수 있었다.[36] 해당 분야의 전문가들만 모여 있는 실험실에서는 잘못된 것을 파악하는 절차가 느리고 비효율적이었다.[37] 무언가를 이해하고 있다고 믿는 사람들은 의식이 현실을 교묘하게 편집하는 탓에 실수를 알아채지 못한다. 그러나 익숙하지 못한 시나리오를 접하는 사람들은 두뇌 작용이 비효율적으로 일어나므로 이를 통해 이례적인 사건의 중요성을 파악할 수 있다.

대학원생과 박사 학위를 취득한 연구자들은 '단기 목표에 집착하므로' 실패를 복기하는 힘든 과정을 밟을 때 의욕이 가장 떨어진다고 한다. 던바는 이렇게 말한다. "그들은 연구와 출판의 대가로 직업을 보장받고 싶어 해요. 그러나 상대적으로 직업의 안정성이 보장된 종신 교수들은 예상치 못한 발견을 선호하는 경우가 많았죠." 직업의 안정성과 같은 요소는 스스로 아마추어가 되어 새로운 것을 습득하거나 도전하도록 이끄는 데 장애가 되기도 한다. 이와 반대로 나이가 많은 연구자들은 '놀이'에 훨씬 너그러운 태도를 취했다.[38] "당사자들이 실험실에서 일어나는 이례적이고 불편한 사례를 무시한 탓에 무수히 많은 과학 혁명이 빛을 보지 못한 거죠."[39] 던바는 이렇게 해석한다.

작가 캐서린 슐츠(Kathryn Schulz)는 창조를 방해하는 것들을 가리켜 '오류'라 표현했다. 한밤중의 모험은 이러한 오류에서 벗어날 수 있는 원

동력이다. 캐서린은 "실수를 알아채는 것은 생소한 경험이다"라고 말한다. 이는 대부분 무시되고, 연마되지 못한 삶의 일부로 여겨질 뿐이다. 이런 오류와 마주 설 때 갑자기 나 자신의 정체성에 혼란을 겪게 되는 경험을 한 번쯤 해본 적이 있을 것이다.[40]

아리스토텔레스는 《시학》에서 그리스 비극의 주인공을 예로 들어 오류를 인식할 때 받는 느낌을 다음과 같이 묘사했다. "그 순간에 오류란 관념상의 문제라기보다는 실존적인 문제다. 우리의 지식에 닥친 위기라기보다, 자아의 실체에 닥친 위기인 것이다."

일부 환경에서는 도피처나 금요일 밤의 실험을 결코 허락하지 않는다. 이러한 경우 우리는 휴가를 갖게 되며, 일상에서 벗어나 재충전의 시간을 갖고 열정적인 목표를 추구하게 된다. 일과 중 짧막한 휴식을 취할 때 능률이 오르는 것과 같은 원리이다.[41] 우리는 휴가를 놀이를 즐기는 기간으로 생각한다. 사실상 생산성을 향상시키는데도, 생산성과는 무관한 기간으로 생각하는 것이다. 앙드레 가임은 연구가 노동이자 자신의 '취미'라는 사실을 깨달았다고 한다. 그에게 휴가란 마치 산보와도 같다.

영국에서 가장 습한 시스웨이트(Seathwaite) 인근에는 구멍이 숭숭 뚫린 산이 우뚝 서 있는데, 이 산의 광맥은 다른 광물과 섞이지 않은 순수한 흑연으로 가득 차 있다. 흑연 광산의 입구는 분명히 눈에 보인다. 그러나 이를 보려면 산을 올라 가장 높은 관문에 다다라야 한다. 그렇지 않으면 잘 보이는 곳에 있으면서도 꽁꽁 숨는 속임수를 발휘한다.

놀이로 생각한다면 긴장을 풀고 산을 올라 숨은 광산을 발견할 수 있다. 의심을 내려놓는 순간 평평하고 메마른 문턱이 눈에 들어오며, 이러한 문턱을 넘어 안으로 들어갈 수 있게 된다.

8장

행동 법칙 8 — 그릿

꾸준한 사람이 완벽을 만든다

그릿이란 목표를 이루기 위해 끈기 있게 노력할 수 있는 의지력을 말한다. 경영 컨설턴트 앤절라 리 덕워스는 성취심리학 연구를 시작하면서 '내가 뭘 시작하든 끝을 보고 만다'는 그릿의 태도를 배웠다. 그는 위대한 사람의 차이는 재능이 아니라 꾸준함에서 온다고 이야기한다.

"열심히 공부하는 것만으로는
부족하다는 사실을 깨달았어요.
뭔가를 이룩하기 위해
주어진 길을 꾸준히 걸어가야 했죠."

– 앤절라 리 덕워스 Angela Lee Duckworth

유명한 경영 컨설턴트 앤절라 리 덕워스(Angela Lee Puckworth)는 긍정 심리학 센터 대표인 마틴 셀리그먼(Martin Seligman)과 함께 한 가지 중요한 문제를 고민하기 시작했다. 성과를 가로막는 진정한 장벽은 무엇인가? 그들은 이 질문에 대한 답을 세 가지로 요약했다. 첫 번째는 역경이다. 이러한 역경은 언제든지 우리에게 일어날 수 있다. 악화되고, 중단되고, 재앙이 닥치는 현실이 발생하는 것이다. 책임에서 자유롭지 못한 실패나 고난이 닥칠 수도 있다. 또한 눈에 보이는 전진이 없는 교착 상태를 맞을 수도 있다. 무능력 상태와 다를 바 없는 상태가 계속되어 수십 년간 아무런 진전을 보지 못할 수도 있는 것이다. 이러한 경우 포기하는 게 합리적인 대처이자 상황에 적절히

적응하는 방식이다. 이러한 본능은 우리의 인생에 도움이 된다. 하지만 두 사람은 여기에서 간과된 변수로 '그릿(Grit)'에 주목했다. 그리고 그 안에서 끝까지 붙들고 있는 인간의 의지에서 능력, 고된 노동을 소화할 역량, 열정을 오랜 기간 유지할 수 있는 비결을 엿보았다.

덕워스는 자기 통제와 그릿에 대한 연구로 가장 잘 알려져 있다. 그녀의 연구는 성취, 특히 도전이 요구되는 분야에서 가장 강력한 지표를 제공하고 있다. 그녀는 티치 포 아메리카(Teach For America), 웨스트포인트의 미 육군사관학교 등 다양한 환경을 대상으로 그릿을 연구했다. 미 육군사관학교는 그릿의 중요성에 매료되어 2004년 GPA, SAT 점수, 학급 석차, 리더십 능력, 체력장 등을 합산한 후보자 총점을 그녀의 그릿 점수와 비교해보았다. 그릿 점수는 "내가 뭘 시작하건 끝을 보고 만다"와 "기존과는 다른 새로운 아이디어와 프로젝트가 떠오른다" 등의 진술로 구성되었다. 혹독한 1년 차 훈련을 오랜 시간 견뎌낼 후보를 골라내는 용도로 어떤 지표가 유용했을까? 후보자 총점은 아무런 상관관계를 보이지 않았다. 점수가 높건, 낮건 끝까지 잔류하는 비율에서 생도들에게 특별한 차이점이 발견되지 않았다. 그러나 '그릿 점수'가 높은 생도는 끝까지 프로그램을 완수하는 비율이 현저히 높았다.[1]

덕워스가 놀란 것은 그릿이 IQ와 비례하지 않는다는 사실이었다. 그릿은 소위 말하는 실패에 반응하는 방법과 관련이 있으며, 우리 정체성의 일부를 구성하는 것으로 볼 것인지, 우리의 발전을 도와줄 정보에 불과한 것인지와도 밀접한 연관을 맺고 있다.[2] 나는 그녀가 언제 어떻게 그릿을 개발하는지, 그릿을 멈춰야 할 시점이 언제인지 알려줄 수 있을지가 궁금했다.

차이는 재능이 아닌 꾸준함이다

그릿은 완강한 고집을 부드럽게 표현한 단어가 아니다. 불편한 장소에 머무르고, 자산을 불리기 위해 열심히 일하고, 같은 일을 여러 차례 되풀이하려면 인내가 필요하다. 이러한 인내를 아무도 모르게 펼치는 자질이 바로 '그릿'이다. 이는 유전학자 프랜시스 골턴이 표현한 "매 시간의 유혹"을 물리치는 차원에 그치지 않고 덕워스의 주장대로 '몇 년, 심지어 몇십 년'간 구슬땀을 흘려야 하는 일이다. 이러한 여정에서는 더 나아진다는 신호가 없을 수도 있다.[3] 그릿은 집중된 투지로 설명되며 역경에 맞선 꿋꿋한 반응이 이러한 투지를 독려한다.

그릿과 자기통제는 명백히 다르다. 덕워스의 말에 따르면 자기통제는 일시적인 속성을 띠며, 당장은 즐거우나 곧 후회하게 되는 충동을 억제하는 방식이라 할 수 있다.[4] 가장 생생한 사례는 1960년대 후반에 진행된 심리학자 월터 미셸(Walter Mischel)의 '마시멜로 연구'에서 찾아볼 수 있다. 이 연구는 자기통제와 뒤늦은 만족감으로 무엇을 예측할 수 있는지에 관한 것이었다. "지금 당장 마시멜로 하나를 받을래, 아니면 내가 돌아왔을 때를 기다려 두 개를 받을래?" 그는 모든 아이들에게 이렇게 물어보았다. 어떤 아이들은 당장 받는 걸 원했고, 어떤 아이들은 기다렸다가 받는 편을 선호했다. 몇십 년 후 진행된 후속 연구에서 자기통제의 자질은 오랜 기간 지속되며, SAT 성적에서부터 학업의 성취에 이르기까지 높은 성과를 유도한다는 것이 밝혀졌다.[5] 한편, 그릿의 효과는 자기통제에 비해 더욱 오랜 기간 지속되었다.

그릿을 연구하기 10년 전까지만 해도 덕워스가 이 분야의 개척자가 될 것이라 생각하기는 쉽지 않았다. 당시 그녀는 뉴저지 체리 힐(Cherry Hill)에서 고등학교를 다녔다. 듀폰의 색채 화학자로 재직하던 그녀의 아버지는 저녁 식사 중에 "아인슈타인과 뉴턴 중에 누가 더 위대한 물리학자니?" 또는 "인류 역사상 가장 위대한 예술가는 누구니?"라는 질문을 던지곤 했다. 10대 소녀였던 그녀는 행복이 사람들의 주된 목표라는 가정을 키워가고 있었다. "아버지는 이렇게 말했죠. '아빠는 성공하고 싶고, 뭔가를 이루고 싶단다.' 난 아버지를 응원하며 이렇게 말했어요. '음, 아빠 말은 행복해지고 싶고, 뭔가를 이루면 행복해질 거라는 말이네요.' 아버지는 이렇게 대답했죠. '아니, 내 말은 그저 뭔가를 이루고 싶다는 말이란다. 행복해지건, 그렇지 않건, 그건 중요하지 않아.'" 성취를 부르는 습관은 그녀의 인생 내내 사무치는 화두로 자리 잡았다.

대학 졸업 후 10년간 그녀는 강연, 교육, 컨설팅 등 각기 다른 기술이 필요하면서도 쉬엄쉬엄 가야 하는 직업들을 섭렵했다. 그릿과는 무관한 인생을 살았다고 할 수 있을 것이다. 이후 그녀는 서른두 살의 나이에 박사과정을 밟아야겠다고 마음먹고 노력의 심리학(psychology of effort)을 연구하기 시작했다.[6] 어느 날 그녀는 집 안에 앉아 낑낑대며 계산한 끝에 마흔 살은 되어야 직업다운 직업을 가질 수 있다는 우울한 현실을 깨달았다고 한다. 그리고 30대 중반의 나이에 열다섯 살 대학생 시절로 다시 돌아가는 수모를 감당해야 했다.

"열심히 공부하는 것만으로는 부족하다는 사실을 깨달았어요. 뭔가를 이룩하기 위해 주어진 길을 꾸준히 걸어가야 했죠."

박사 학위를 취득하려면 이것저것 손대기 좋아하는 그녀의 성격을 억눌러야 했다. 그녀는 성격이 지긋한 남편에게 도움을 요청했다. 부동산 개발업자인 그녀의 남편은 그녀가 학위를 취득하는 데 든든한 버팀목이 되어주었다. 그는 아내가 불평을 늘어놓거나 다 때려치우고 의대에 가고 싶다고 말할 때마다 그녀가 자신과 한 약속을 상기시켰다. "모든 것을 다 할 수는 없는 일이야. 선택이 필요하다고. 내가 보기에 당신은 아주 괜찮은 선택을 한 거야."

덕워스는 매일 아침 일어나 성취심리학을 연구하고, 공부하고, 가르친다. "아무리 멋지다 해도 악기 연주에 시간을 할애하지 않고, 먹는 것과 관련된 심리학을 연구하지 않아요." 그녀는 속사포 같은 달변 중간에 어색한 침묵을 보이며 미소를 짓고 시선을 아래로 돌렸다. "나는 아침에 일어나 성취와 노력에 관한 심리학을 연구하죠. 사람들이 노력을 쏟아붓는 이유와 그렇게 하지 않는 이유를요."

그녀의 사무실 한구석에서 확실한 증거를 찾아볼 수 있었다. L자형 책상 위, 파일 캐비닛 위에 두껍게 쌓인 종이 뭉치가 비스듬히 널려 있었다. 이 문서들은 개인의 전략, 성취를 위한 전반적인 목표, 이를 달성하기 위한 활동적 에너지를 설명하고 있었다. 자료로 가득 찬 사무실에는 가방을 둘 공간조차 마땅치 않았다.

덕워스는 성취의 심리학을 이해하고 싶어 한다. '목표의 끝자락에서 발휘되는 재능'보다도 '한참 아래 단계에서 발현하는 재능'을 개발하는 방법이 그녀의 관심사이다. 그릿이 성취를 위한 핵심적 자질이라는 결론은 미국 전역에 영향을 미쳤다.[7] 그녀의 연구와 발상은 뉴욕 시 차터 스쿨(대안학교 성격을 지닌 미국의 공립학교-옮긴이) KIPP(차터스쿨 네트워크 중 하나-옮긴이)의 교육프로그램에 통합되었다. 이 단체를 공동 설립한 데이비드 레빈(David Levin)은 대학에서 가장 우수한 성적을 올리는 학생은 그릿 점수가 가장 높은 졸업생이라는 사실을 발견했다.[8]

그릿을 개발하기 위해 맞서야 할 실패를 생각하면, 하버드 대학 총장 드루 길핀 파우스트(Drew Gilpin Faust)의 '실패를 너그럽게 받아들여야 한다'는 말은 전혀 놀랍지 않다.[9] "하버드 학생들은 자신 있는 분야에서 좋은 성적을 기록하죠. 실패하는 방법을 배우는 일은 영 어색할 거예요." 파우스트가 1학년 학생들의 필수도서로 생각한 책은 캐서린 슐츠의 《오류의 인문학》이었다.[10] 4학년 학생들을 위한 졸업 연설에서 그녀는 위험을 감수하고 플랜A를 추구하라고 격려하며 그 누구도 예상하지 못한 '진리'를 이야기했다. 성공하려면 실패를 다루는 방법을 먼저 배워야 한다는 것이다.[11] 하버드 또한 '성공-실패 프로젝트'를 발동했다. 이 프로젝트는 거절과 후퇴에 맞서는 유연함을 개발하도록 고안되었다.

"사람들은 항상 나에게 묻죠. '미국의 아이들이 공부를 열심히 하는 편인가요?' 네, 아주 열심히 하는 특별한 아이들도 있겠지만, 내 생각에 사람들 대부분은 너무 빨리 포기하는 것 같아요." 덕워스는 단호한 목소리로 이렇게 말했다. 학업 성과의 차이를 가져오는 것은 재능이나 자존감이 아니라 노력이다. 90년대의 미국 어린이들은 70년대와 80년대에 비해 자존감이 늘었다. 바람직한 현상이지만, 늘어나는 자존감에도 이들이 이룬 성취는 여전히 제자리걸음이었다.[12] 성과를 얻지 못하고 자존감만 높아졌다는 것은 많은 미국 어린이들이 근 몇십 년간 아무것도 제대로 못하면서 스스로에 대해 관대해진 현실을 대변한다.[13]

그녀는 나와 대화하면서 그릿과 의미가 비슷한 시수(sisu)에 대해 말해주었다. 핀란드에서 쓰이는 이 단어는 개인의 담력을 뜻한다. 창자(sisucunda)라는 말에서 파생된 이 단어는 '담력이 있다'라는 뜻의 영어 표현 'having guts'과 일맥상통하며, 역경과 마주 서는 꾸준한 의지와 용기를 의미한다.[14] 핀란드 사람들에게 시수란 러시아와의 전쟁과 혹독한 기후를 견뎌내면서 형성된 민족 문화의 단면이다. 핀란드 전역에 널린 사우나는 무려 200만 개에 이른다. 핀란드 인구가 550만 명임을 감안하면 핀란드인 세 명 당 한 개꼴로 사우나가 있는 셈이다. 이러한 사우나에서도 꿋꿋함의 전통을 엿볼 수 있다. 사우나실에서 나온 다음 얼어붙기 직전의 발트 해로 뛰어드는 사람들도 심심찮게 목격된다. 아이슬란드는 매년 어둠 속에서 보내는 시간을 생각 이상으로 행복하게 받아들이지만 핀란드의 환경, 기후, 발달된 문화는 이러한 시간마저 최고의 그릿을 다지는 기회로 승화시켰다.

핀란드의 교육 체계는 2위 한국을 제치고 세계 일등으로 평가받는다.[15] 미국의 순위는 중간 조금 밑이다.[16] 핀란드에서는 보충수업이나 교육 현장에서의 '기적적인 교육 기술'이 존재하지 않는다. 선생님들은 모두 석사 학위를 지니고 있고, 학생들은 선생님과 스스럼없이 이름을 부를 정도로 친하며, 더욱 '창조적인 놀이'도 일반화되어 있다.[17] 아마도 시수나 놀이의 전통은 핀란드의 교육이 성공한 알려지지 않은 비결 가운데 일부일 것이다.[18]

덕워스는 이렇게 물었다. "자신만의 그릿을 형성하기 위한 계획을 들어보면 재미있지 않을까요?" 덕워스가 말하길, 그릿이 우수한 사람들은 윌 스미스와 같은 면모가 다분하다고 말한다. 윌 스미스는 이렇게 말한 적이 있다.

"내가 다른 사람들과 확연히 다른 점은 러닝머신 위에서 죽기를 두려워하지 않는다는 거예요. 거기에 대해서는 그 누구에게도 뒤지지 않죠. 그걸로 끝이에요. 나보다 우수하고, 영리하고, 섹시한 사람은 있을 수 있어요. 아홉 개 분야에서 모두 나보다 나을 수 있겠지만 함께 러닝머신 위에 서면 딱 두 가지 선택이 남을 뿐이죠. 네가 먼저 내려가거나, 내가 이 위에서 죽거나 둘 중 하나거든요. 아주 간단하죠. 그렇지 않나요? 내가 최후의 승자가 되는 거예요."[19]

영국의 분자생물학자 프랜시스 크릭과 함께 DNA를 발견한 제임스 왓슨의 말도 비슷한 맥락이다. "내가 어렸을 때 IQ가 낮다는 현실을 받아들여야 했죠. 하지만 그럼에도 뭔가 중요한 일을 하고 싶었어요." 왓슨은 7월의 여름날 오후, 콜드 스프링 하버 연구소에서 이룬 기념비적인 발견의 계기를 회상했다. "나는 이 발견에 필요한 것이 그릿임을 절감하고 있었어요. 의문의 여지가 없었죠." 그는 자신의 직업에서도 그릿의 자세를 견지하고 있다. "로저 페더러와 한 시간만 테니스를 칠 수 있으면 좋겠어요." 이 80대 과학자는 50대와 60대에 테니스를 진지하게 시작했다는 설명과 함께 이러한 소회를 내비쳤다. 그는 페더러의 테니스 라켓과 똑같은 라켓을 사용한다. "내가 단 1포인트라도 올릴 수 있는지 확인하고 싶거든요."[20]

실패한 화가가 최초의 전신 발명가가 되기까지

"15세기의 찬란함을 부활시킨 사람들의 반열에 서고 싶어. 라파엘로, 미켈란젤로, 티치아노의 천재성과 겨루고 싶거든. 내 야망은 미국에서 부상 중인 천재들의 명단에 내 이름을 올리는 거야."[21] '모스부호'로 유명한 전신 발명가 새뮤얼 모스는 본래 화가였다. 그는 40대 초반에 자신이 그리던 그림 모두를 폐기할까 진지하게 고민했다. 온갖 비난에 시달리고, 화가협회로부터 계속 외면당하고, 가족의 생계를 책임질 수 없는 지경에 이르자 '좌절에 허덕였으며' 그때껏 품어왔던 열정이 물거품으로 변하고 말았다.[22]

그러나 모스는 미국 전체를 하나의 네트워크로 엮는 업적을 달성했다. 그가 발명한 점과 선의 흔적은 지구 전체에 다리를 놓는 역할을 담당했다. 그리스어 텔레(tele)와 그래프(graph, '멀리서 쓰다'라는 뜻)에서 비롯된 전신(teleglaph)은 그야말로 '시공간을 소멸시켰다'.[23] 유례없던 통신 속도는 창공의 번개를 앞서는 느낌이었다. 신문에서 언급한 거의 초자연적인 능력은 모든 사람을 경악에 빠뜨렸다. 사람들은 경이감에 사로잡혀 어쩔 줄 몰라 했다.

과거에는 독립 선언문에 서명한 소식을 전하려면 필라델피아에서 버지니아까지 걷거나 말을 타고 2주를 여행해야 했으나, 전신이 발명되면서 소식을 전하는 데 필요한 시간은 몇 분으로 줄어들었다. 전기 회로가 레버, 자석, 스타일러스, 두루마리 종이와 같은 기록 매체를 통제하며 점과 선을 통해 전류가 조합한 문장을 창조했다. 부호와 문법을 표준화하기까지 몇십 년의 세월이 소요되었으나, 최초에 등장한 원리는 줄곧 동일했다. 스미소니언 재단으로부터 대출을 받아 제작한 전신기 모델은 미국인의 독창성을 드러내는 사례를 대변하는 취지에서 대통령 집무실에 놓여 있다. 많은 사람들은 이른바 '번개의 선'을 인간 정신의 가장 위대

한 승리라고 생각했다.[24]

모스는 프랑스 혁명 이후를 맞은 미국 회화의 정체성을 고양하기 위해 뉴욕 국립 디자인 아카데미(National Academy of Design in New York)를 창설하고 초대 회장을 맡았다. 또한 미국 미술 아카데미(American Academy of the Fine Arts)의 조수로 활동했으나, 뉴잉글랜드에서 '떠돌이 화가'로 살며 15불을 받고 초상화를 그려주던 형편에서 벗어나지 못했다. 그는 가족들을 뉴헤븐에 머물게 하고 뉴욕의 작업실에서 숙식을 해결하며 그림을 그렸다. 그는 당시 상황을 이렇게 묘사했다. "이보다 더 가난하게 살 수는 없을 거야."

모스는 실패로 기울던 자신의 화가 경력과 가족들에게 초래한 재앙을 뒤로 하고, 근 20년간 전신기 모델을 개발했다. 이 여정은 실패, 빚, 사회와의 단절, 사회적 논란, 불화로 점철되어 있었다. 인생 말미에 그는 '추방되거나, 정신병원에 감금되거나, 죽을 것 같은' 인고의 세월을 보낸 느낌이었다고 한다.[25]

그가 '낙담과 역경 속에서 침몰하지 않고 성공을 거둔 것'을 경이롭게 생각하는 사람들도 있었다.[26] 〈홈 저널(The Home Journal)〉은 비공식적으로 모스의 골상학 분석을 마친 다음 "강인하고, 고집불통이라 표현할 수 있을 정도로 끈기가 넘치고, 자신을 믿고, 독립적이고, 열정적이고, 마음씨 곱고, 사회성이 우수하면서도 자신의 이해관계를 충분히 챙길 만큼 똑똑한 사람이다"라고 평가했다.[27]

덕워스는 이렇게 말한다. "인생의 방향을 바꾸더라도, 그릿의 태도를

발명가 모스와 화가 모스는 같은 걸까 다른 걸까?

—

이 그림은 모스가 1833년에 그린 〈루브르 갤러리〉라는 작품이다. 전신 발명가 모스가 본래 화가였다는 사실을 아는 이가 얼마나 될까. 그는 40대 초반에 자신이 그린 그림 모두를 폐기하고 화가의 길을 포기해야 했다. 그가 낙담하지 않고 새로운 성공을 거둔 것을 어떻게 설명해야 할까. 인생의 방향을 바꾸더라도 '몰두하는 성향'을 견지하는 것은 얼마든지 가능하다.

견지하는 것은 얼마든지 가능한 일입니다."[28] 이와 마찬가지로 모스가 회화를 추구했던 과정, 전신기를 발명하는 과정에서도 그릿을 엿볼 수 있다. 모스는 떠돌이 화가와 유학생으로 유럽을 전전하다가 뉴욕 대학의 교수로 초빙된 수십 년간의 이야기를 자신의 편지에 기록했다. 그는 다른 사람들이 어떻게 패배에 대처하는지 연구하기 시작했다. 또한 해부학이 필수 시험 과목인 런던 로열 아카데미에 입학하는 것이 '훨씬 어려운 과제'라는 사실을 알게 된 다음 부모님에게 "상황이 어려우니 더욱 의욕이 납니다. 입학이 어려울수록 입학에 따른 영예가 커지기 때문이죠"라고 말했다.[29]

모스는 런던의 유명 화가 워싱턴 올스톤(Washington Allston)과 함께 연구하면서 가족들에게 다음과 같은 편지를 썼다.

"아주 끔찍한 일이야…… 나는 하루 종일 죽어라 그림을 그린 다음 나름 만족하고 칭찬을 기대하며 올스톤에게 보여주었지. 사실 칭찬뿐 아니라 '훌륭해', '아주 잘했어', '대단한데' 정도의 반응을 기대했어. 그런데 긴 침묵 끝에 '죄송하지만 정말 좋지 않네요. 이건 물감이 아니라 진흙이네요. 선생님, 벽돌 가루와 진흙을 덕지덕지 바른 것 같아요'라고 말하더군. 정말 끔찍했어."[30]

모스는 이 말을 듣고 처음에는 팔레트 칼로 작품을 그어버리고 싶었다. 그러나 나중에는 올스톤이 아첨꾼이 아니라 친구이며, 나아지려면 실수를 받아들여야 한다는 교훈을 깨달을 수 있었다고 한다.[31]

모스는 어떻게 그의 우상들이 역경을 헤쳐 나갔는지 연구하기 시작했다. 그는 화가이자, 로열 아카데미의 대표로 유명한 벤저민 웨스트를 모델로 삼아 어떻게 웨스트가 그토록 심한 모함과 비방을 받고서도 비웃음, 조롱, 반대파의 방해 공작에 굴하지 않고 '고상한 정신'으로 버텨낼 수 있었는지를 알고 싶었다.[32] 그는 조토나 기를란다요처럼, 작품에 일관적인 힘을 보여주었다는 이유로 "거칠고, 딱딱하고, 메마르다는" 평판을 받았던 과거의 작가들을 돌이켜보기 시작했다.[33]

수십 년간 작성한 모스의 편지에서는 그가 이러한 관점을 다른 분야에까지 확대한 사실이 드러난다. 그는 플로렌스와 로마를 다니던 중 엘바 섬에 들러 패장 나폴레옹이 묵었던 방에 들어갔다. 그는 침대에 누워 눈을 뜬 다음, 예전과는 달리 이 순간만큼은 지금껏 자신이 우월하다고 믿었던 바를 뒤집어 생각해보려 노력했다.[34]

1832년 무렵, 그는 워싱턴 스퀘어에 자리 잡은 뉴욕 시립대학(지금의 뉴욕 대학교)으로부터 초대 회화과 교수로 초빙되었다. 그는 이곳 교수실에서 캔버스의 나무 버팀목을 테이블에 못으로 고정시켜 전신기 모델의 외관을 만들었다. 배터리 전선과 최초의 장치는 워낙 '조악하고' 거칠어 친한 친구와 친척들을 제외하고는 아무에게도 보여주려 하지 않았다.[35] 모스의 제자들이 기억하길, 워싱턴 스퀘어에 있는 모스의 작업실과 손대지 않은 캔버스 스케치 주변에는 갈바니 전지, 전선, 나무 부속 등이 널려 있었다고 한다.[36] 그의 제자였던 대니얼 헌팅턴(Daniel Huntington)은 모스가 자신의 작업실에서 마치 새로운 실험이 떠오른 양, 물감을 우유나 맥주와 섞고 있었던 자세한 장면까지 기억한다.[37]

모스는 그림을 공부하러 2년 반 동안 유럽 유학을 떠났고, 돌아오면서 전신기에 대한 발상을 떠올렸다. 그는 자신의 발상을 휴대용 스케치북에 메모했다. 세 페이지에 걸친 메모에는 '신호와 장치의 시스템'의 구상이 담겨 있었는데, 그 위로는 국가들의 목록이 쓰여 있었다. 이 목록은 상상 속의 전신기를 통해 보내는 메시지의 실례로, 구체적인 내용은 다음과 같았다. "전쟁. 네덜란드. 벨기에. 동맹. 프랑스. 영국. 대립. 러시아. 프러시아. 오스트리아."[38]

1837년 9월 2일, 뉴욕 대학에서 모스는 점과 선의 흔적으로 대변되는 전신기를 발표했다. 그는 새로운 스케치 기술을 습득한 셈이었다. 개발 와중에 터진 갖은 난항과 차질에도, 모스는 변함없는 시각을 견지했다. 그는 친구에게 자신의 전신기 '실험'이 가장 가치 있는 기업의 먹거리가 될 수 있을 것이라고 말했다. 또한 "중요한 경험에 의해 보완되면서 이를 통해 얻은 교훈은 미래에 이익을 안겨줄 것"이라는 말을 덧붙였다.[39]

1842년, 그는 가장 최근에 발명한 전신기를 이용해 맨해튼에서 1.6킬로미터 떨어진 바다 밑 가버너 아일랜드까지 케이블로 메시지를 전달하려는 집념을 보여주었다. 당시 보도에 따르면 "이 장치는 문명의 세상 곳곳으로 지식을 전파하는 수단에 유례없는 혁명을 선사할 운명이었다" 실험의 시작과 동시에 편지 몇 통이 전송되다가 갑자기 송신이 끊겼다. 실패처럼 보였지만 실은 우발적인 사고였다. 강을 건너던 배의 닻에 케이블이 얽혔던 것이다. 실험을 지켜보던 구경꾼들은 자리를 떴다. 또 한 번의 '참담한' 실패를 경험한 모스는 잠을 이룰 수가 없었다. 그는 밤을 새우며 어떻게 해야 이와 같은 실패를 극복할 수 있을지 고민했다. '전선을 없애면 어떨까? 전류는 물을 통과할 수 있다.'[40] 모스는 이러한 발상을 전개해 대양을 전선 없이 가로지르는 전신기를 개발했다. 이러한 쾌거를 다른 사람들이 이루려 했다면 족히 수십 년은 걸렸을 것이다.

1844년, 모스가 의회를 다시 찾았을 때 의회는 그들의 업무를 지배하게 될 새로운 기계에 온통 관심이 집중되어 있었고, 모스는 이후 전신기에 대한 특허를 취득할 수 있었다. 마지막 작품을 발표한 뒤 7주간 매사추세츠, 뉴욕, 보스턴, 코네티컷을 돌며 그림을 전시했지만 20달러의 적자를 내는 초라한 성적표를 받고 이제 자신의 에너지를 전신기로 완전히 돌리리라 마음먹은 후였다.[41]

1932년, 모스의 전신기 혁명 100주년을 기념하면서 사람들은 그가 화가였다는 사실을 알고 큰 충격을 받았다. 모스의 제자였던 새뮤얼 아이샴(Samuel Isham)은 스승의 발명이 예술적 기반과 유리될지도 모른다는 사실을 예감했던 것 같다. 아이샴은 교수님을 전 세계적인 명성에 이르게 만든 위대한 정신이 '미술을 공부하면서 발달했다'는 사실을 모든 사람이 기억하기를 바랐다.[42] 모스 또한 항상 '예술가의 심장'이 자신의 내면에 자리 잡고 있다고 느꼈다.[43]

그릿은 일직선으로 뚫린 길이라는 인상을 준다. 마치 까다로운 통로를 파내려가면서 발전을 추구하는 느낌을 선사하는 것이다. "그릿이 풍부한 사람들은 한 가지 길을 고수하는 패턴을 보이죠." 덕워스는 이렇게 말했다. "이 과정에서 그릿은 쉴 틈 없이 나타납니다."[44] 그녀는 덧붙였다.

"당신이 뭘 하든, 언제 노력을 쏟아붓고, 언제 중단해야 할지를 알아야 해요. 경기에 너무 오래 머무르지 않았는지를 구분하는 시각을 키워야 하는 거죠. 사람들은 낮은 수준의 전략을 벗어나 높은 수준의 목표에 매진하려 합니다. 목표 수준이 높아질수록 끈기도 생기고, 목표의 수준이 낮거나 목표가 세분화될수록 포기하기가 쉽거든요. 대략 이러한 의견에 동의하실 거예요."

나는 그녀에게 그릿의 어두운 이면을 어떻게 피해갈 수 있는지 물어보았다. "정확히 알 수 있는 방법은 없을 거예요." 그녀는 이렇게 대답했다. 한 걸음 물러나 행보를 바꾸도록 만드는 동인이 무엇인지를 알기란 어렵다. 그러나 그녀는 "향후 몇 년 안에 우리는 이 주제를 연구하게 될 거예요"라고 호언했다.

그릿으로 창조성을 키우는 방법

덕워스와 내가 아침 식사를 즐기며 대화를 나누던 어느 날, 그녀는 만들기, 공간적 사고와 시각적 사고, 미술교육학과 디자인교육학 등 그릿의 개발을 돕는 활동을 다양하게 전달했다. 뉴욕의 사립학교인 리버데일 학교(Riverdale Country School)의 교장 도미니크 랜돌프(Dominic Randolph)가 말하길 대부분의 학교들은 '단일방식 수행'을 근간으로 학사 정책을 펼친다고 한다. 이는 연관된 다른 발상을 보지 않고 한 가지만 들이파는 방식이다. 그녀는 학생들에게 그릿을 가르치려면 1차원의 길이 존재하지 않는다는 것을 이해시켜야 한다고 생각했다.

대부분의 미국 공립학교들에서는 그릿을 키우기 위해 미술을 활용한다. 미국에서는 1970년대 이후에 미술이라는 분야가 사실상 전멸했다. 1990년 이후, 미국 학생들의 창의력 점수는 전반적으로 하락했다. 미국에서는 1968년부터 2008년까지 창의력 검사인 토런스 테스트(Torrance Test)로 유치원생들과 초등학생들의 창의력 점수를 집계해왔고, 이들의 창의력 점수는 공식 측정이 시작된 이후에 처음으로 하락하는 양상을 보여주었다. 반면, 같은 기간에 IQ 점수는 10년 단위로 상승했다.

예술이 쇠락하면서 예술이 선사하는 대체 불가능한 재능 또한 전멸하기에 이르렀다. 이러한 재능은 문제를 끝까지 붙잡고 있을 것인지, 중지하고 재평가할 것인지 구분할 수 있을 때까지 불확실성을 견뎌내고, 모스처럼 그림이 전신기의 일부가 될 수 있다는 시각을 갖추게 되는 능력이다. 이 예술과 교육에 대한 투자가 줄어들면서 우리의 지적 능력은 향상될지 몰라도 문제에 대한 새로운 접근을 시도하는 능력은 떨어지고 있다. 그릿의 능력이 떨어진다면 문제를 해결하는 데 필요한 기간을 버티기 어렵다.

랜돌프는 리버데일에서 이매지네이션 플레이그라운드(Imagination Playground)를 개발하기 시작했다. 이 제품은 파란색으로 방수 코팅한 거대한 블록 장난감으로 록웰 그룹의 건축가 겸 디자이너 데이비드 록웰(David Rockwell)이 고안했다. 랜돌프는 이렇게 말한다. "이 장난감을 갖고 노는 아이들은 블록을 이용해 무엇이든 세울 수 있어요. 정해진 규칙이 존재하지 않기에 아무리 엉망으로 만들더라도 무방합니다." 그가 관찰한 초등학교 3학년 아이들은 처음에 장난감을 보고서 아무것도 할 수 없었다. 아무런 지침도, 아무런 설명서도 없었기 때문이다. 발달 적합성 관점에서 뒤떨어지는 현상에 대한 부정적인 의미를 없애버린 셈이다.

랜돌프는 미국의 현실을 이렇게 설명한다. "그릿과 자기통제의 능력을 키우려면 실패가 필요합니다. 하지만 학구열이 넘치는 교육 환경에서는 대부분 아무런 실패를 경험하지 않습니다."[45] 그 대신 우리는 성과에 관계없이 트로피를 받을 수 있는 문화에서 살아간다. 모든 사람들은 소규모 시합같이 자신이 인정받을 수 있는 환경을 어디에서건 조금씩은 경험한다. 이러한 형태의 놀이, 짓기, 창작 덕분에 차질을 빚는 경험을 관대한 눈으로 바라볼 수 있다.

캔버스 버팀목을 전신기로 변형한 모스의 행위는 본질적으로 무언가를 만드는 작업이었다. 그는 과학자가 아닐뿐더러, 켈빈 경과 같은 물리학자는 더더욱 아니었다. 그는 여전히 층층이 쌓인 지식의 막을 개척하고 있었다. 전신기는 그의 첫 번째 발명품이 아니었다. 전신기를 만들기 몇 년 전, 그는 대리석을 깎는 기계를 제작했으나 특허를 얻는 데는 실패했다. 그뿐만 아니라 그는 가죽으로 피스톤을 제작했고, 컬럼비아 대학의 제임스 프리먼 데이나(James Freeman Dana) 교수와 함께 전류의 흐름을 연구했다. 그는 초창기의 사진술인 다게레오타이프를 실험한 최초의 인물 가운데 한 명으로, 파리에 머물던 무렵 루이 다게르로부터 이 기술을 배웠다. 모스는 만들고, 즐기고, 사용하면서 끊임없는 혁신을 시도했다.

전신기를 개발한 모스는 그릿과 재조합의 세상 속에서 20년이라는 세월을 보냈다. 미술계에서 여론과 관계없이 소신을 유지하는 것은 생존이 걸린 문제다. 재능만큼이나 중요한 이 자질은 결과만큼이나 과정에 집중하는 능력을 의미한다.

그릿의 정신을 유지하기 위해서 우리는 '크릿(crit)'이라는 단어에 집중할 필요가 있다. 이는 비평(critique)을 압축한 단어로, 가볍고 유연한 형태의 그릿으로 설명할 수 있다. 전설적인 개념 예술가 존 발데사리는 1970년에 처음 문을 연 캘리포니아 예술 연구소에서 포스트 스튜디오(Post Studio) 크릿 과정을 개설했다. "예술은 실패에서 비롯된다"고 말했던 그는 1953년부터 1966년까지 제작한 자신의 작품을 마음에 들지 않는다는 이유로 소각했다. 이 계획에는 '화장 프로젝트(Cremation Project)'라는 명칭이 붙었고, 찬사를 받는 작품 또한 예외를 두지 않은

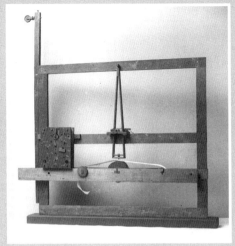

새뮤얼 모스가 발명한 전신기(위), 모스 부호(아래)

—

모스는 캔버스 버팀목을 전신기로 변형시켰다. 화가에서 발명가가 된 모스처럼 예술가들은 나름의 문제를 고민할 때 재조합의 순간을 맞게 되기도 한다. 중요한 것은 '무엇'이냐가 아니라, '왜'라고 묻는 것이다.

것으로 유명하다. "무엇이라도 시도해야 합니다. 틀릴까 봐 두려워서 자리에 앉아 '난 걸작을 만들기 전까지 아무것도 하지 않을 거야'라고 말하면 곤란해요."[46]

크릿의 목표는 의도와 행동의 결과 사이에 놓인 간극을 메우도록 도와주는 일이다. 이는 모스가 말한 것처럼 잔인하고 '참담한' 평가를 견뎌내는 일일 수 있다. 전직 예일대 교수로 명망이 높은 개념 예술가 멜 보크너(Mel Bochner)는 청중들로 가득 찬 상태에서 한 학생에게 크릿에 대해 이렇게 말해준다. "도서관으로 돌아가 A부터 다시 시작하세요." 물론 대내외적 비판은 감당하기 어려운 정도일 수 있고, 어떠한 방어기제로도 물리치기 어려운 공격을 유발하며 창의력을 말살할 수도 있다. 그러나 올스턴의 혹평을 이겨낸 모스의 투지는 여전히 이러한 크릿의 본질을 구성한다.

화가 엘리자베스 머리(Elizabeth Murray)가 "내가 옳다고 해서 다른 사람들 모두가 틀린 것은 아니다"라고 말한 것처럼 크릿이란 어떤 면에서 이러한 지혜를 배우고, 너그러운 마음으로 예술의 길을 밟는 과정이다. 예일 예술학교의 사진학과 대표를 맡고 있는 사진작가 그레고리 크루드슨(Gregory Crewdson)은 "당신이 듣는 말 가운데 도움이 되는 1퍼센트만 기억하고, 99퍼센트는 잊어버리세요"라고 예술가들을 격려했다.[47] 이와 같이 크릿이 요구하는 끊임없는 재조합의 과정은 예술가들로 하여금 어떠한 반응을 무시하고 어떤 1퍼센트를 선택해 흡수할 것인지를 구분하도록 도와준다.

크릿은 원의 지혜를 구체화한다. 나는 전설적인 미술사학자 로버트 패리스 톰슨(Robert Farris Thompson)으로부터 서부 아프리카의 요루바 족 전설에 나오는 말썽꾸러기 신 에슈 엘레그바(Eshu Elegba)의 신화를 배운 적이 있다.[48] 바로 이 신화에서 원의 지혜를 찾아볼 수 있다. 남자로 가장한 에슈 엘레그바는 진홍색 앵무새 깃털이 달린 모자를 쓰고 마을을 거닌다. 모자에는 이마 부위 중앙에서부터 목덜미 부위에 이르기까지 선이 그어져 있고, 한쪽 절반은 흰색, 다른 쪽 절반은 빨간색이다. 마을사람들 가운데 일부는 그가 빨간 모자를, 일부는 하얀 모자를 쓰고 다닌다고 생각했다. 모든 마을을 샅샅이 훑고 다닌 한 사람만이 그 모자가 한쪽은 빨간색, 다른 쪽은 하얀색이라는 사실을 알고 있었다. 나이지리아의 소설가 치누아 아체베는 이 신화의 교훈을 설명했다. "무언가를 잘 보기 위해서는 한곳에만 서 있어서는 곤란합니다. 한 장소에만 서 있으면 많은 은혜를 놓치게 됩니다."[49] 이것이 바로 전환점에 관한 전설의 핵심이자 크릿의 한복판에 자리 잡은 교훈이다. 원의 둘레를 전부 걸어보고, 가능한 한 다양한 시각에서 바라보아 모든 것을 가늠하기 전까지는 그 무엇도 알 수 없는 것이다.

회화의 본질을 깨닫고자 한 세잔이나, 화가에서 발명가가 된 모스처럼 예술가들은 나름의 문제를 고민할 때 재조합의 순간을 맞게 된다. "중요한 예술 작품은 역사적 사건이자 어렵사리 찾은 문제의 해답으로 간주된다." 미술사학자 조지 쿠블러(George Kubler)는 예술품의 탄생 과정 전반을 이렇게 설명했다. 그는 일부 예술가들이 '제1목표'라 부르는 근본적인 문제를 다루고 있다고 주장했다. 분리되거나 다른 의미를 담을 수 없는, 본질적인 의문이 이들이 다루는 문제이며 이러한 의문은 끊임없는 해답의 고리로 귀결된다. "해답의 존재는 문제의 존재를 의미한다는 것이 가장 중요합니다." 그는 이렇게 덧붙였다. "해답이 축적되면서 문제 또한 바뀌기 시작합니다."[50]

종종 사람들은 문제를 제대로 파악하지 못해 통찰력을 갖추지 못하는 경우가 있다. 우리는 생물학자 제임스 왓슨이 말한 것처럼 '무엇'이 아니라 '왜'라고 묻는 것이 중요하다는 것을 기억해야 한다. 진행 중인 작업을 해답을 찾아야 하는 이슈로 생각하면서 집중된 시각이 분산된 시각으로, 분산된 시각이 집중된 시각으로 다양하게 바뀌게 된다. 무용가 트와일라 타프가 어떤 주제를, 무엇을 표현하려 하는지를 발견하는 수단으로 싸움을 옹호하는 것도 이러한 이유에서다.[51]

모든 혁신가의 가슴에는 반항 기질과 현상 유지에 안주하지 않는 심성이 깃들어 있다. 그러나 반항아의 긍정적인 동인은 정의되기 어려운 경우가 많다. 무엇을 위해 싸울 것인지 결정하는 과정은 이를 구분하는 시각을 키워준다. "누군가, 또는 무언가의 한계를 벗어나 활동하는 능력이 중요합니다." 왓슨은 이렇게 말했다. 문제로 여겨지는 틀에 박힌 생각은 우리로 하여금 불완전해 보이는 것을 쫓아가게 한다. "일정 분야가 쇠락하는 이유는 이미 완료되어 더 이상 달성할 것이 없다고 생각하기 때문입니다."[52]

근본적인 관점에서 비롯되는 친숙한 변수들 및 새로운 가능성을 직시할 수 있는 사람들이 발명의 주인공이다. 창조의 과정은 이러한 시각적 변화가 창출하는 활발한 움직임을 효율적으로 가르쳐준다. 다리가 언제 무너질지 감지하려면 민첩하고도 유연한 끈기가 필요하다. 이러한 끈기에 필요한 자질과 기존의 틀을 바꾸는 사고를 익히면서 우리는 비로소 창조에 이르게 된다. 그야말로 그릿의 진정한 역할과 의미를 깨달았을 때 얻을 수 있는 결과인 셈이다. 만약 우리가 그릿을 육성하지 못해서 창조적인 결과를 얻는 데 실패한다면, 그 원인은 무언가를 만드는 습관과 그러한 습관이 우리의 인생에서 시사하는 과정을 별로 중요하지 않다고 생각하기 때문이다.

한 화가가 오랜 세월 캔버스의 버팀목을 바라보다 어느 순간 그것을 독창적인 통신 수단으로 뒤바꿀 가능성을 직시한 것과도 마찬가지다. 이러한 영감이 만든 결과물의 영향력은 수십 년간 전 세계에서 지속되었다.

누구에게나 완벽에 닿을 수 있는 힘이 있다

솔트 플랫이나 높은 산맥, 북극에서는 노을과 별빛이 사이좋게 공존한다. 여기에서는 우리가 목격하는 고립된 광채를 이방인으로 낙인찍기보다, 더 큰 담론을 시작하는 분기점으로 생각할 수 있다.

우리는 한때 인간이 세상에 등장하게 된 이야기뿐 아니라 고대에서부터 현세에 이르기까지 인류가 남긴 족적의 얼개를 그려내기 위해 별을 바라보았다. 다양한 인류 사회에서는 오랜 세월 나름의 방식으로 별자리를 만들었다. 중국에서는 신화 속 인물을 모방한 그리스와 달리 천상의 빛에 현세의 통치자와 군인의 이름을 붙였다. 지금 우리 눈에 보이는 거의 모든 별들은 국제천문연맹(International Astronomical Union)이 17세기와 18세기의 이름을 따라 개별적인 분류 체계로 편성해 관리하고 있다. 맨눈으로 본 오늘날의 하늘은 많은 미스터리가 풀려 20세기 중반에는 달이 폭발하지 않는 이상 하늘에 대한 관심을 되살리기 어렵다고 생각할 정도였다.[1] 그 결과 오늘날의 우리는 맨눈으로 볼 수 없는 별에 관심을 돌리고 있다.

나는 여름과 가을을 구분 짓는 열대야를 이기려 브라이언트 공원의 초대에 응했다. 큐레이터이자 작가인 폴 홀덴그래버(Paul Holdengräber)가 나에게 보여주었던 뉴욕 시립 도서관의 지하 보관소 위에 펼쳐진 잔디밭을 찾아, 수십억 년 동안 자리를 지켜온 지구 정지궤도의 클라크 띠(영국의 공상과학 소설가이자 수학자인 아서 클라크는 정지위성에 대한 아이디어를 구상했다. 적도 상공 36,000킬로미터의 궤도를 그의 이름을 따 '클라크 띠'라고 부른다-옮긴이) 속에 안착한 인류의 흔적을 기념하고 싶었다. 이 행사에 대한 관심을 떨치기 힘들었던 나는 꽉 들어찬 군중을 가까스로 헤치고 몇 미터를 걸어가 잔디 위에 놓인 철제 의자 위에 앉았다.

내 주위로는 수백 명의 인파가 자리에 앉아 무대를 향해 귀를 기울이고 있었다. 나는 뉴욕 아마추어 천문학협회 회원들이 설치한 망원경을 통해 노을 진 하늘을 바라보고 싶었다. 이날 저녁의 시야는 완벽했다. 사람들은 목을 길게 빼고 하늘을 쳐다본 다음 경이에 사로잡혀 할 말을 잊었다. 고개를 움직여 하늘을 눈에 담자 고정되지도, 정적이지도 않은 파노라마 같은 영상이 끊임없이 펼쳐졌다. 부자연스러운 자세와 시선 속에 깃든 관심은 어스름 속에서 사라질 줄을 몰랐다.

나는 잔디 위에서 궤도로 진입하는 방법을 이야기하던 중 가장 광활한 지평선을 볼 수 있었고, 승리와 질곡의 영상, 눈앞에 아른거리는 산과 어떻게 조우할 것인지를 알 수 있었다. 마치 완벽으로 가기 위해 지난한 여정을 거친 후, 드디어 그것에 도달하는 것 같은 기분을 느꼈다.

완벽함으로 가는 길에서 벌어지는 갖가지 사건들 및 버지니아 울프가 말했던 "온 세상을 무대로 한 끊임없는 좌절과 쇄신"은 우리 모두가 주인공인 이야기다. 나는 이 책 또한 그렇다고 생각한다. 별개의 이야기처럼 보이는 것들의 공통분모를 보여주고, 믿음을 얻기 위해 드러나야 하는 인간 정신의 역량에 대한 증거를 보여주는 수단이다. 용도가 다한 것, 의미가 퇴색된 것들을 발전적인 역량의 바탕으로 인식하는 순간 현실의 외연을 넓힐 수 있다.

존 F. 케네디 대통령은 "성공은 많은 아버지를 두고 있으나, 실패는 고아와 같다"는 격언을 언급했다.[2] 실패는 우리가 의미를 부여하기 전까지만 고아일 뿐이다. 사랑스런 별자리에 담긴 별과 마찬가지로, 실패는 맥락이 담긴 이야기로 엮이기에 가슴에 와 닿는 것이다.

일정한 높이에 다다르면 효용이 다한 것 같은 토양에서 어떻게 새로운 싹이 틀 수 있는지가 보이기 시작한다. 실패에 담긴 선물은 수수께끼이다. 실패란 0이라는 숫자와 마찬가지로 텅 비었으면서도 무한한 가능성의 시발점이 될 수 있다. 이를 완벽히 묘사할 수 있는 단어는 찾아보기 어렵다.

17세기 일본의 시인이자 사무라이였던 미즈타 마사히데(水田正秀)의 "외양간이 무너진 덕에 달을 볼 수 있다"라는 독백이 실패의 본질을 가장 잘 요약한 문장이 아닐까? 길게 내다보면, 우리가 발돋움을 높이 평가하는 이유는 그러한 성과를 이루었기 때문이 아니라 발돋움 자체가 어렵고, 정해진 틀이 없고, 쉽게 인식되지 않으므로 이를 통해서 우리의 역량을 가늠할 수 있기 때문이다. 기회에 따라서는, 아니, 꼭 기회처럼 보이지 않는 경우라도, 실패를 통해 우리의 여정을 화살의 구부러진 궤적처럼 정밀하게 다듬을 수 있다.

프롤로그

1. T. S. Eliot, "Burnt Norton," Four Quartets (Orlando, FL: Harcourt Books, 1971), 15.

2. 앤슬리 스미스(Aynsley Smith), 저자와의 인터뷰, 2011년 8월. 테리 원덜리(Terry Wunderle), 저자와의 인터뷰, 2011년. 프랭크 토머스(Frank Thomas), 저자와의 인터뷰, 2011년. Katie Thomas, "The Secret Curse of Expert Archers," New York Times, August 1, 2008 (last accessed March 4, 2013), http://www.nytimes.com/2008/08/01/sports/olympics/01archery.html?pagewanted=all&_r=0.).

3. Christopher Fry, Thor, with Angels, in The Plays of Christopher Fry: Three (London: Oberon Books, 2007), 191.

4. 다음을 참조. Scott A. Sandage, Born Losers: A History of Failure in America (Cambridge, MA: Harvard University Press, 2005).

5. Thomas Edison quoted in The World Book Encyclopedia, vol. E (Chicago: World Book, 1993), 78.

1. 다음을 참조. Chris Taylor, "Dissolving between Land and Sky: Mapping Wendover," Rhizomes 18 (Winter 2008), last accessed February 13, 2012, http://www.rhizomes.net/issue18/taylor/index.html.

2. 메러디스 제임스(Meredith James), 저자와의 인터뷰, 2012년 11월.

3. 에밀 베르나르(Émile Bernard)에 의해 전해진 세잔의 말. Trois Crânes Sur un Tapis d'Orient (Three Skulls on an Oriental Rug), 1904, in Bernard, "Memories of Paul Cézanne", 세잔과의 대화 중에서, ed. Michael Doran, trans. Julie Lawrence Cochran (Berkeley: University of California Press, 2001), 58. 1907년 10월 메르퀴르 드 프랑스 (Mercure de France)를 통해 처음 출간.

4. 이 이야기를 다룬 첫 작품은 1831년 '프렌호퍼 여사(Maitre Frenhofer)'라는 제목으로 〈라티스테(L'Artiste)〉 신문에 실렸다. 이후 버전은 1837년 오노레 드 발자크의 〈에튀드 필로소피크 (Études philosophiques)〉에 포함되었다.

5. Cézanne, as relayed by Émile Bernard, on his Trois Crânes Sur un Tapis d'Orient (Three Skulls on an Oriental Rug), 1904, in Bernard, "Memories of Paul Cézanne," Conversations with Cézanne, ed. Michael Doran, trans. Julie Lawrence Cochran (Berkeley: University of California Press, 2001), 65.

6. 다음을 참조. John Rewald, Paul Cézanne: A Biography, trans. Margaret H. Liebman (New York: Simon & Schuster, 1948), and David W. Galenson, Old Masters and Young Geniuses: The Two Life Cycles of Artistic Creativity (Princeton: Princeton University Press, 2006), 14.

7. Czeslaw Milosz, "The Art of Poetry No. 70," The Paris Review, no. 133 (Winter 1994), 265.

8. Michelangelo quoted in Spike, 222.

9. 미켈란젤로의 소네트 '시스티나 성당의 볼트를 꾸미는 화가가 조반니 다 피스토이아에게 [To Giovanni da Pistoia When the Author Was Painting the Vault of the Sistine Chapel(1509)]'는 다양한 번역본이 존재한다. 필자는 게일 마주어(Gail Mazur)의 〈Zeppo's First Wife: New and Selected Poems(University of Chicago Press, 2005)〉 116~117

를 인용했다.

10. 곰팡이가 생긴 이유 중 하나는 미켈란젤로가 빨리 마르지 않는 트래버틴이라는 물질로 구성된 로마 석회석으로 작업했기 때문이다. 예술역사학자 안토니오 포르첼리노(Antonio Forcellino)에 따르면 이 혼합물은 미켈란젤로가 플로렌스에서 사용한 혼합물과는 달랐다. 미켈란젤로가 플로렌스에서 사용한 혼합물은 아르노에서 채취한 모래와 진흙으로 만들었다. 미켈란젤로는 플로렌스에서 조수를 고용했고[프란체스코 그라나치(Francesco Granacci), 줄리아노 부지아르디니(Giuliano Bugiardini), 아리스토틸레 다 상갈로(Aristotile da Sangallo), 아그놀로 디 도니노(Agnolo di Donnino)] 플로렌스에서와 동일한 비율로 로마의 재료를 섞었다. 그러다 보니 문제가 발생했다. 건축가 줄리아노 다 상갈로(Giuliano da Sangallo)는 미켈란젤로가 계속 작업할 수 있도록 혼합 비율을 고쳐주었다.

11. Elif Batuman, "Kafka's Last Trial," New York Times Magazine, September 26, 2010, 36.

12. 〈뉴욕 타임스〉는 1921년, 카프카가 브로트에게 이미 이에 관해 말했다고 보도한다. Ibid, 38.

13. Semir Zeki, Splendors and Miseries of the Brain: Love, Creativity, and the Quest for Human Happiness (London: Wiley-Blackwell, 2008), 109

14. Romare Bearden, quoted in "Painting: Touching at the Core," Time, October 27, 1967.

15. James Baldwin to Jordan Elgrably in "The Art of Fiction No. 78," The Paris Review, no. 91 (Spring 1984), 69.

16. 설계와 조작을 통해 우리에게 다가온 관념은 더닝 크루거 효과의 현상을 통해 설명된다. 사회심리학자 데이비드 더닝 코넬대 교수와 당시 대학원생이던 저스틴 크루거는 이 역설을 네 가지 자기 평가 연구를 통해 묘사했다. 그들이 관찰한 바에 따르면 유머, 문법, 논리 항목에서 하위 12퍼센트로 최저 사분위에 속한 참가자들은 자신들의 성과와 능력을 과대평가해 상위 38퍼센트 정도일 것이라 짐작했다. 다음을 참조. Kruger and Dunning; "Unskilled and Unaware of It: How Difficulties in Recognizing One's Own Incompetence Lead to Inflated Self-Assessments," Journal of Personality and Social Psychology 77, no. 6 (1999): 1121–34

17. Albert Einstein, quoted in Dear Professor Einstein: Albert Einstein's Letters to

and from Children, ed. Alice Calaprice (New York: Promethus Books, 2002), 140.

18. 나는 리처드 스탠턴(Richard Stanton)의 〈잊힌 올림픽 예술 경연(The Forgotten Olympic Art Competitions)〉, (Victoria, B.C.: Trafford, 2000)에서 이 정보를 알게 되었다. 또한 탁월한 큐레이팅을 자랑하며, 흥미로운 비밀을 다룬 잡지 〈멘탈 플로스(mental_floss)〉가 이 역사를 다루어준 것에 감사한다.

19. 마치 준우승자가 금메달을 만든 합금과 은메달을 만든 합금의 성분이 거의 비슷하다고 말하는 것과 마찬가지다. 올림픽 금메달은 93퍼센트가 은이며, 은메달에 비해 은의 비율이 0.5 퍼센트 적을 뿐이다. 진정한 금메달이 제작된 것은 올림픽 역사를 통틀어 세 번뿐이었다. 다음을 참조. Melonyce McAfee, "Why Olympians bite their medals," CNN, August 10, 2012 (last accessed March 15, 2013), www.cnn.com/2012/08/09/living/olympians-bite-medals.

20. 브리티시 컬럼비아 대학의 심리학자 제시카 트레이시(Jessica Tracy), 샌프란시스코 주립대학의 데이비드 마쓰모토(David Mastumoto)가 주장한 바에 따르면, 이러한 반응은 타고 나는 것이며, 선천적으로 앞이 보이지 않는 운동선수와 시력이 정상인 운동선수 모두에게 관찰할 수 있는 현상이다. 그들은 2004년 올림픽과 장애인 올림픽에서 국제 유도 연맹 관계자에게 부탁해 경기 전후의 사진을 고속 카메라로 촬영해서 순간순간의 행동 반응을 포착했다. 그들은 관계자에게 이 연구가 무엇에 관한 연구인지 알려주지 않았다. 트레이시와 마쓰모토는 경기의 결과를 모르는 채로 선수들의 영상을 비교했다. 그들은 눈이 보이는 선수와 눈이 보이지 않는 선수가 승리 후에 보인 반응이 동일하다는 사실을 발견했다. 그들은 하나같이 팔을 치켜 올리고 가슴을 내밀었다. 눈이 보이지 않는 패배자들의 축 처진 어깨 또한 모든 국가를 통틀어 똑같았다. 미국, 북한, 타이완, 알제리, 우크라이나를 비롯해 30개 국가를 연구한 결과, 자부심과 수치심을 표현하는 몸짓은 인간의 타고난 생물학적 반응 또는 습득되는 반응이라는 사실을 보여주었다. 다음을 참조. Tracy and Matsumoto, "The spontaneous expression of pride and shame: Evidence for biologically innate nonverbal displays," Proceedings of the National Academy of Sciences of the United States of America 105, no. 33 (2008): 11655–60. Victoria Husted Medvec, Scott F. Madey, and Thomas Gilovich, "When Less is More: Counterfactual thinking and satisfaction among Olympic medalists," Journal of Personality and Social Psychology 69, no. 4 (1995): 603–610.

21. Daniel Kahneman and Amos Tversky, "The simulation heuristic," in Judgment under Uncertainty: Heuristics and Biases, ed. Daniel Kahneman, Paul Slovic, and Amos Tversky (Cambridge and New York: Cambridge University Press, 1982), 201 – 208.

22. R. L. Reid, "The Psychology of the Near Miss," Journal of Gambling Behavior 2, no. 1 (Spring/Summer 1986): 34. And see Michael J. A. Wohl and Michael E. Enzle, "The Effects of Near Wins and Near Losses on Self-Perceived Perspectives on a Fundamental Human Capacity," European Journal of Social Psychology 42, no. 3 (2012): 269 – 275

23. Bob Kersee, quoted in Sharon Robb, "First Lady of Hope Predicted for Stardom, Jackie-Joyner Kersee Aims to Impress Us Again," Sun Sentinel, July 23, 1992.

24. 제임스 도슨, 저자와의 인터뷰, 2012년 6월 13일.

25. 나는 이 말을 윈스턴 처칠이 한 것으로 알고 있었다. 그러나 마이클 쉘든(Michael Shelden)은 출처를 찾던 나에게 처칠이 연설, 편지, 대화 그 어디에서도 그러한 말을 한 적이 없다는 사실을 알려 주었다. 리처드 랭워스(Richard Langworth)의 〈Churchill by Himself: The Definitive Collection of Quotations〉은 '쉬어가기: 출처가 틀린 인용들(Red Herrings: False Attributions)'이라 제목을 붙인 부록에서 다음과 같이 언급하고 있다. "처칠이 말한 것으로 여기저기 인용되나, 처칠이 말했다는 증거는 어디에도 없다. 에이브러햄 링컨이 말했다고 인용하는 횟수 또한 이에 뒤지지 않을 것이다. 그러나 처칠도, 링컨도 이러한 말을 한 적이 없다." 랭워스는 자신의 블로그에 "처칠이 결코 말한 적 없는 것들"이라는 제목의 섹션으로 이러한 내용을 실어놓았다. 나에게 이러한 정보를 알려준 마이클에게 감사한다. 여기에 대해 확실한 정보를 알게 해준 프리실라 페인턴(Priscilla Painton)에게도 감사한다.

26. Nira Liberman, Michael Sagristano, and Yaacov Trope, "The Effect of temporal distance on level of mental construal," Journal of Experimental Social Psychology 38 (2002): 523 – 534.

27. Julie Moss, "The Most Famous Finish in Ironman History: Julie Moss Takes You Through Her Race," Ironman, February 26, 2003 (last accessed February 28, 2013), www.ironman.com/triathlon-news/articles/2003/02/the-most-famous-finish-in-

ironman-history-julie-moss-takes-you-through-her-race.aspx#axzz2KhArsEO0.

28. Jad Abumrad and Robert Krulwich with Julie Moss and Wendy Ingraham, "Limits of the Body," Radiolab, Season 7, episode 3, April 5, 2010, www.radiolab.org/2010/apr/05/limits-of-the-body/.

29. Julie Moss, "The Most Famous Finish in Ironman History: Julie Moss Takes You Through Her Race," Ironman, February 26, 2003(last accessed February 28, 2013), www.ironman.com/triathlon-news/articles/2003/02/the-most-famous-finish-in-ironman-history-julie-moss-takes-you-through-her-race.aspx#axzz2KhArsEO0.

30. Ibid.

31. T. J. Murphy, "How Triathlon Got Hot," Experience Life, July－August 2004 (last accessed February 13, 2013), http://experiencelife.com/article/how-triathlon-got-hot/.

32. Vincent M. Mallozzi, "TRIATHLON; Winner Who Didn't Finish First," New York Times, October 18, 2003, 7.

33. Rebeccca Solnit, Wanderlust: A History of Walking (New York: Viking Penguin, 2000), 73.

34. Wynton Marsalis, quoted in Leslie Gourse, Wynton Marsalis: Skain's Domain: A Biography (New York: Schirmer Books, 1999), 265－266.

35. Mark Bradford: Paper," prod. Susan Sollins and Nick Ravich, ed. Monte Matteotti, Art21 video short, 2006, www.art21.org/videos/short-mark-bradford-paper.

36. 미켈란젤로는 초기에 〈바커스〉 조각상을 의뢰받고서 이러한 교훈을 깨달았다. 이 조각상의 재료가 된 바위는 확실히 불완전했다. 작품을 의뢰한 라파엘레 리아리오(Raffaele Riario) 추기경은 결국 이 작품을 손에 얻지 못했다. 이 작품을 갖게 된 인물은 야코포 갈로(Jacopo Gallo)였다. 다음을 참조. Condivi, The Life of Michelangelo, 30; Spike, Young Michelangelo, 188－89; and Michael Hirst, Michelangelo: The Achievement of Fame, 1475－1534, vol. 1, 30－31, 34－35. Also see Jamie Katz, "The Measure of Genius: Michelangelo's Sistine Chapel at 500," Smithsonian.com, April 10, 2009, www.smithsonianmag.com/arts-culture/The-Measure-of-Genius-Michelangelos-Sistine-Chapel-at-500.html.

37. Hirst, Michelangelo: The Achievement of Fame, 1475 – 1534, 35. 허스트는 이렇게 주장한다. "대리석을 조달하는 데 이처럼 열정을 보인 것은 전례 없는 일이었고, 평생의 과업으로 기억될 것이다." 1505년, 스파이크(Spike) 또한 높은 곳에 자리 잡은 채석장에서 양질의 석재를 찾아 나선 미켈란젤로의 이야기를 다루고 있다.

38. 다음을 참조. Condivi, The Life of Michelangelo, 29 – 30. 허스트는 이렇게 기술한다. "미켈란젤로는 1497년 가을, 카라라에 머물렀지만 이에 대한 기록은 남아 있지 않다. 실제로 이 기간에 그가 정말 여기 있었는지조차 의문이다. 그러나 이 기간에 그가 필요했던 양질의 대리석을 몸소 찾아 나섰고, 플로렌스로 떠나기 전 채석을 위한 계획을 수립한 것만은 분명하다."

39. Eric Scigliano, Michelangelo's Mountain: The Quest for Perfection in the Marble Quarries of Carrara (New York: Free Press, 2005), 136.

40. Galeano quoted in We Are Everywhere: The Irresistible Rise of Global Anti-Capitalism, ed. Notes from Nowhere (London: Verso, 2003), 499. 움베르토 에코(Umberto Eco)의 에세이 모음집 《적을 만들다》의 '섬은 한 번도 발견된 적이 없기 때문입니다'에서는 덧없고 쉽게 발견되지 않는 유토피아의 본질을 아름다운 문장으로 묘사하고 있다. 그는 유토피아를 다음과 같이 묘사한다. "여기에 사는 사람들은 에드윈 애보트(Edwin Abott)의 〈플랫랜드(Flatland)〉에 나온 인물처럼 움직인다. 이 세상은 두께, 높이, 깊이가 없는 선으로만 구성된 1차원의 세상으로 사물을 앞에서만 볼 수 있고, 위에서 내려다보는 것은 플랫랜드 바깥에서만 가능하다."

2장

1. Gia Kourlas, "Ailey's Torch Bearer Honors Another of His Inspirations," New York Times, December 4, 2011, AR.6.

2. Jennifer Dunning, "Paul Taylor-Looking Back and Ahead," New York Times, April 11, 1982, A26.

3. Taylor, 76 – 77.

4. Dunning, "Looking Back and Ahead."

5. Taylor, 79. Lincoln Kirstein's review of Private Domains, "The Monstrous Itch," New York Review of Books, June 11, 1987, http://www.nybooks.com/articles/archives/1987/jun/11/the-monstrous-itch/?pagination=false.

6. Paul Taylor, Private Domain: An Autobiography (New York: Knopf, 1987), 362. Taylor was elected as Chevalier de l'Ordre des Arts et des Lettres.

7. Ibid., 79−80

8. Ibid., 80.

9. Ibid.

10. Taylor, 59.

11. Walter Terry, "Experiment? Joke? Or War of Nerves?," New York Herald Tribune, October 27, 1957.

12. 에일린 파즐로프, 저자와의 인터뷰, 2012년 9월 5일.

13. Taylor, 61

14. Ibid, 49.

15. Ibid.

16. Ibid, 58.

17. Ibid, 50.

18. Taylor, 58

19. August Wilson, "The Art of Theater No. 14," The Paris Review, no. 153 (Winter 1999), 69−72.

20. Ezra Pound, "The Art of Poetry No. 5," The Paris Review, no. 28 (Summer/Fall 1962), 33.

21. 이러한 환상적인 변화를 언급한 비주얼 아티스트 겸 필름메이커 메리 리드 켈리(Mary Reid Kelly)에게 감사한다. 여기 이러한 변화를 웅변하는 해머(Hammer)의 대사를 소개한다. "바이네케에 가면 짤막한 편지 한 통이 있을 거야. 파운드가 하트 크레인에게 친필로 보낸 편지야. 하트 크레인은 열여덟 살에 이 편지를 받았지. 대략 네 나이 정도였어. 그가 〈리틀 리뷰(The Little Review)〉에 시를 써서 보낸 다음이었어. '달걀투성이라고 말할 수 있겠네요. 그중에는 우량한 달걀도 있겠지요. 그러나 알을 품어줄 닭이나 부화기가 없는 것 같아요.' 이 말의 정확한 의미는 알쏭달쏭하지만 거절의 의사표시인 것만은 명확했지. 크레인은

이 편지를 평생 간직했어. 그는 에즈라 파운드(Ezra Pound)로부터 거절당한 탓에 현대시에
입문할 수 있었다는 생각을 품은 듯, 이 편지를 하나의 자격증으로 생각하는 것 같았어. 실
제로 바이네케 도서관에 가서 크레인의 처녀작을 뒤져보면 사진이 하나 들어 있어. 이 사진
이 하트 크레인이 아닌 에즈라 파운드의 사진인 이유는 파운드의 책《페르소나(Personae)》
와 파운드를 광고하고 있기 때문이야. 내가 이러한 사실을 마음에 들어하는 이유는 1920
년대와 1930년대 시문학계에서 파운드가 차지하는 중요성 및 탁월함, 영향력을 알고 있
기 때문이야. 그는 하트 크레인 같은 젊은 시인이 알고 입문해야 할 세상과도 다름없는 존
재였어. 휴 케너(Hugh Kenner)가 저술한 대표적인 현대시 관련 서적이 있어. 사람들은 마
치 현대시가 곧 에즈라 파운드의 역사인 양, 이 책을《파운드의 시대(The Pound Era)》라
는 간단한 이름으로 지칭하지." 다음을 참조. YCAL 37 Series No. III, Box 8, Folder 310,
Correspondence between Hart Crane and Ezra Pound, undated, Beinecke Rare
Book and Manuscript Library, Yale University.

22. Roy F. Baumeister and John Tierney, Willpower: Rediscovering the Greatest
Human Strength (New York: Penguin Books, 2011), 76, 81 – 84

23. Baumeister and Tierney, 83 – 84. 다음을 참조. Lassi A. Liikkanen, "Music in
Everymind: Commonality of Involuntary Musical Imagery" in K. Miyazaki, Y. Hiraga,
M. Adachi, Y. Nakajima, & M. Tsuzaki (eds.), Proceedings of the 10th International
Conference on Music Perception and Cognition (ICMPC10) (2008), 408 – 12.

24. Taylor, Private Domain, 54

25. Ibid., 55

26. Rainer Maria Rilke, "Viareggio, near Pisa (Italy), April 23, 1903," in Letters to a
Young Poet, trans. Stephen Mitchell (New York: Vintage Books, 1986), 23 – 24.

27. 제임스 우드는 이 이야기가 '아마 불분명'할 것이라 생각했다. 다음을 참조. James Wood,
The Broken Estate: Essays on Literature and Belief (New York: Picador, 2010), 89.

28. Renée Fleming, quoted in Renée Fleming: A YoungArts Masterclass, HBO, 2012.

29. Umberto Eco, quoted in Mukund Padmanabhan, "I am a professor who writes
novels on Sundays," The Hindu, October 23, 2005.

30. Charles Limb, "Your Brain on Improv," TEDxMidAtlantic, November 2010.

31. 윈튼 마살리스, 저자와의 인터뷰, 2012년 5월.

32. Nick Zagorski, "Music on the Mind," Hopkins Medicine (Spring/Summer 2008), last accessed February 28, 2013, http://www.hopkinsmedicine.org/hmn/s08/feature4.cfm.

33. Wynton Marsalis with Geoffrey C. Ward, Moving to Higher Ground: How Jazz Can Change Your Life (New York: Random House, 2008), 3.

34. August Wilson, "The Art of Theater, No. 14," The Paris Review, no. 153, (Winter 1999), 79–80.

35. Clarissa Pinkola Estés, The Creative Fire: Myths and Stories on the Cycles of Creativity, Sounds True, Incorporated; Unabridged edition (October 2005). (See Session 2.)

36. Giorgio Vasari, The Lives of the Most Excellent Painters, Sculptors, and Architects, trans. Gaston du C. de Vere, ed. Philip Jacks (New York: Modern Library, 2006), 336.

37. Ralph Waldo Emerson, "Self-Reliance," Essays: First Series (Boston: Houghton Mifflin, 1883), 48.

38. Taylor, quoted in Rose Eichenbaum, Masters of Movement: Portraits of America's Great Choreographers (Washington, DC: Smithsonian Books, 2004), 175.

39. Taylor, Private Domain, 141.

40. 명확히 하자면, 메인 주의 스코히건(Skowhegan)은 매우 독특한 양식의 주거 공간으로, "건물 이름에 학교가 들어가는 것"만으로는[정식 이름은 스코히건 회화 조각 학교(Skowhegan School of Painting & Sculpture)다] 이 시설이 정말 학교인지 의심이 들 정도이다. 관록이 쌓인 중견 예술가들과 원로 예술가들이 상주하며, 객원 예술가들 또한 수시로 방문하고, 매년 65명이 선발되어 여름에 열리는 9주 과정 세션에 참가한다.

41. Oliver Sacks, quoted in "Me, Myself, and Muse," Radiolab, Season 9, Episode 3, March 8, 2011. 〈캐비닛(Cabinet)〉의 편집인 시나 나자피(Sina Najafi)는 2011년 12월 11일 그가 24시간 동안 기술한 내용을 책으로 출판하면서 유사한 과정을 경험했다. 이 책에 대한 주된 여파는 〈리셉션 룸(Reception Room)〉이라는 제목의 문집을 통해 출판되었다. 프랑스의 울리포(Oulipo) 운동과 초현실주의자들의 자동 기록 기법은 일면 이 프로젝트가 선사한 영감 덕분이었다.

42. 창조성과의 연관은 하버드 심리학자 엘렌 랭어(Ellen Langer)가 수행한 연구에서 나타났다. 이 연구는 긍정심리학 운동이 태동하기 한참 전에 그녀가 완성한 '가능성의 심리학(the psychology of possibility)'이라는 선구자적 업적을 통해 알려져 있다. 다음을 참조. Ellen Langer, Mindfulness (New York: Da Capo Press, 1990), 121.

43. Karl Weick, "The Collapse of Sensemaking in Organizations: The Mann Gulch Disaster," Administrative Science Quarterly, vol. 38, December 1993, 628–52.

44. Jobs, quoted in Walter Isaacson, Steve Jobs (New York: Simon & Schuster, 2011), 155.

45. Gia Kourlas, "Looking Back With Darkness And Insects," New York Times, March 11, 2012, AR5.

3장

1. David Crane, Scott of the Antarctic: A Life of Courage and Tragedy (New York: Knopf, 2006), 4.

2. Edward J. Larson, An Empire of Ice: Scott, Shackleton, and the Heroic Age of Antarctic Science (New Haven: Yale University Press, 2011), 137, 158.

3. 스코트와 함께 남극점에 다다른 네 명은 로렌스 '티투스' 오츠(Lawrence 'Titus' Oates), 에드워드 윌슨(Edward Wilson), '버디' 바우어('Birdie' Bower), 에드거 에번스(Edgar Evans)이다.

4. Fergus Fleming, "The World's Most Famous Failure," Literary Review, no. 333 (November 2005), 31. '황금시대'라는 말은 19세기 탐험 시대 뿐 아니라 14세기, 15세기 모험 시대를 언급하는 용어로도 쓰인다.

5. 장 루이 에티엔(Jean-Louis Etienne)은 북극점을 정복한 네 번째 인물로 기억되고 있다. 그는 개썰매를 활용했으나 다른 두 사람, 뵈르게 오슬란(Borge Ousland)과 펜 해도우(Pen Hadow)는 혈혈단신의 몸으로 걸어서 북극점을 정복했다. 〈더 타임스〉 2003년 3월 15일 판에 지니 더가리(Ginny Dougary)가 기고한 "극점을 비전으로 삼은 사나이(The man with polar vision)" 참조. "펜 해도우가 비행기가 공수하는 보급품의 도움 없이 북극점을 홀로 정

복한다면 북극해의 캐나다 방면에서 출발해 북극점을 정복한 최초의 인물로 기억될 것이다. 이 길은 북극점으로 가기 위한 가장 어려운 코스로 생각되고 있다. 1994년에는 노르웨이의 뵈르게 오슬란이 쉽지만 거리는 더욱 먼 러시아 쪽 코스를 선택한 적이 있다. 당시 그는 아무런 도움을 받지 않았다. 그 이후로 북극점을 정복한 사람은 나타나지 않았다. 1978년, 일본인 나오미 우에무라(Naomi Uemura)는 7기의 보급품과 개썰매를 대동하고 캐나다 코스를 통해 북극점에 다다랐고, 1986년 프랑스인 장 루이 에티엔(Jean Louis Etienne)은 5기의 보급품으로 성공했다.

6. Saunders, "Why bother leaving the house?" TEDSalon London, November 2012, http://www.ted.com/talks/ben_saunders_why_bother_leaving_the_house.html.

7. Robert Stafford, Royal Geographical Society historian, quoted in Larson, 74.

8. 손더스와 마크 쿼트(Mark Quart)와의 인터뷰 중에서. "Exploring the Limit,"PORT,iss. 5, Spring 2012. Ed Moses in Alanna Martinez, I Just Wait Until It Goes Pow!': Abstract Painter Ed Moses on His Methodical and Intuitive Process," Modern Painters, September 2012.

9. 이 글을 쓰면서 대화를 나눈 사람 가운데 벤 손더스를 알고 있던 사람은 노르웨이 출신 탐험가 잉게 솔하임(Inge Solheim)이 유일했다.

10. 벤 손더스는 친절하게도 폐쇄된 웹사이트를 저장한 파일을 나에게 제공했다. 내가 맥락을 파악할 수 있도록 그는 웹사이트에 올라왔던 질문들을 보여주었다. 이 질문은 '인터넷에서 무작위로 접하는 사람'에 대한 그의 간결한 반응을 이끌어냈다. 이 질문의 내용은 다음과 같다. "남극 탐험을 떠난 당신이 매 1.6킬로미터마다 모금했던 돈으로 무엇을 해야 할지 결정할 시점이라고 생각합니다. 당신은 실패했죠. 당신이 오랫동안 한 것이라고는 말과 훈련밖에 없습니다. 당신이 실패한 이유는 불가능한 일에 도전했기 때문이에요. 실패를 인정하고 가장 어려운 일을 감행할 시점입니다. 당신은 영웅도, 신도 아니라는 현실을 받아들이세요. 직업을 가지세요. 당신이 기부받은 돈에 대해 솔직해져야 할 시점이에요." (분명히 말하건대, 손더스는 후원금 모집 활동이 들쭉날쭉하다는 비난을 받은 적이 없었다.)

11. 얼음이 녹고 있는 북극해의 현실을 더 알고 싶은 독자는 다음 자료를 참조할 것. Gunnar Spreen, Ron Kwok, Dimitris Menemenlis, "Trends in Arctic sea ice drift and role of wind forcing: 1992–2009," Geophysical Research Letters 38, no. 19 (October 2011).

12. 테니슨의 이 말은 1906년 왕립 지리학 협회(Royal Geographical Society)가 극지 탐험가 로알 아문센을 기념하기 위해 개최한 행사에서 인용되었다.

13. 지금은 손더스의 남극 여행이 주목을 받고 있으나, 당시에는 북극으로 또 다른 여행을 준비 하고 있었다.

14. Yann Martel, The Life of Pi (New York: Harcourt, 2001), 79, 217.

15. Saunders, "Ben Saunders: Why did I ski to the North Pole?"

16. Ibid.

17. 니체의 생각을 묘사한 조지프 캠벨의 말에서 인용했다. "인생에서 단 한 가지를 자신 있게 부인할 수 있다면, 모든 것을 밝혀낸 것이다." Joseph Campbell with Bill Moyers, The Power of Myth (New York: Doubleday, 1988), 202. 니체의 생각은 사물의 어울림을 의 미하는 "페어니스(Verhangnis)"의 관념과 연관되어 있다. "한 개인은 운명의 주체이며, 전 체에 속하고, 그가 곧 전체다." Friedrich Nietzsche, Twilight of the Idols and The Anti-Christ, trans. R. J. Hollingdale (London: Penguin, 1990), 65.

18. Jearl Walker, quoted in George Leonard, The Way of Aikido: Life Lessons from an American Sensei (New York: Plume, 2000), 48 – 49.

19. Wendy Palmer, The Practice of Freedom: Aikido Principles as a Spiritual Guide (Berkeley: Rodmell Press, 2002), 113. 파머는 조지 레너드와 리처드 헤클러와 함께 캘 리포니아 타말파이스에서 가라데를 전파했다. 그녀는 매트 바깥에서 가라데를 훈련하는 방 법을 개발했고, 모든 일상에 그녀의 "의식 구체화(Conscious Embodiment)" 원칙을 이식 했다.

20. Palmer, The Practice of Freedom, 113, 117.

21. Peter Gombeski, with the , July 8, 2012.

22. 파머, 저자와의 인터뷰, 2012년 10월 26일. 이 책에서 인용한 파머의 모든 이야기는 달리 명시하지 않는 한 이 인터뷰에서 비롯되었다는 것을 밝힌다.

23. Leonard, The Way of Aikido, 176.

24. Palmer, The Practice of Freedom, 111.

25. James Baldwin, "The Artist's Struggle for Integrity," in The Cross of Redemption: Uncollected Writings, ed. Randall Kenan, 1st ed. (New York: Pantheon Books, 2010), 46.

26. 이것은 내가 이 주제를 집필하기 시작했을 때 한 임상 심리학자로부터 배운 지혜다. 그녀는 내가 심리학자 재클린 래프터리(Jacquelyn Raftery)와 조지 바이저(George Bizer)의 연구 결과 발표 프로그램에서 이 사실을 언급하기 바랐다. 우리가 부정적인 결과에 수반되는 감정을 억누른다면, 새로운 과제를 위해 써야 할 인지 자원이 소모되어 형편없는 성과를 초래하기도 한다. 그러나 실패에 대한 자연스러운 반응을 억누르지 않으면 부정적인 결과가 성과를 증진시킬 수 있다. 다음을 참조. Jacquelyn Raftery and George Bizer, "Negative feedback and performance: The moderating effect of emotion regulation," Personality and Individual Differences 47, no. 5 (October 2009): 481–486. Also see Jane M. Richards and James J. Gross, "Emotion regulation and memory: The cognitive costs of keeping one's cool," Journal of Personality and Social Psychology 79, no. 3 (Sept. 2000): 410–424.

27. Eric Weiner, The Geography of Bliss: One Grump's Search for the Happiest Places in the World (New York: Twelve, 2008), 147.

28. William Shakespeare, King Lear, ed. R. A. Foakes (Walton-on-Thames, Surrey: Thomas Nelson and Sons, 1997–3rd Series, The Arden Shakespeare), 305–6.

29. 해리 벨라폰테와 엘비스 미첼(Elvis Mitchell)의 대화, 2011년 2월 선댄스 영화제. 다음을 참조. "King 'Had a Tic,' The History Channel (last accessed February 14, 2013), http://dev.history.com/shows/king/videos/harry-belafonte-king-had-a-tic#harry-belafonte-king-had-a-tic.

30. Kathleen Kennedy Townsend quoted in Ethel, dir. Rory Kennedy. HBO Documentary Films. Los Angeles: Moxie Firecracker Films, 2012.

31. Scott A. Sandage, Born Losers: A History of Failure in America (Cambridge, MA: Harvard University Press, 2005), 271.

32. "돈이란 특이한 존재다. 돈은 기쁨의 가장 큰 원천인 사랑, 불안의 가장 큰 원천인 죽음과 어깨를 겨룬다." John Kenneth Galbraith, The Age of Uncertainty (Boston: Houghton Mifflin, 1977), 161.

33. Karen Armstrong, A Short History of Myth (New York: Canongate, 2005), 51, 52, 54–56, 79–81.

34. 최근 실험은 가스가 영하의 온도에 도달하는 실험 조건을 구축할 수 있었다. 그러나 이러

한 경우에도 분자는 마치 영상의 온도에서와 같은 움직임을 보인다. 요약하자면, 우리가 온도와 운동에너지에 대해 생각하는 수준은 너무나 초보적이어서 양자물리학에서 일어나는 실제 현상들을 제대로 설명할 수 없다. 절대영도 이하의 개념을 더 알고 싶은 독자는 다음 문헌을 참조할 것. S. Braun et. al, "Negative Absolute Temperature for Motional Degrees of Freedom," Science 339, no. 6115 (2013): 52-55. Zeeya Merali, "Quantum gas goes below absolute zero: Ultracold atoms pave way for negative-Kelvin materials." Nature, January 3, 2013 (last accessed March 23, 2013), www.nature.com/news/quantum-gas-goes-below-absolute-zero-1.12146.

35. Tom Shachtman, "The Coldest Place in the Universe," Smithsonian 38, no. 10, January 2008, 20-21.

36. 0의 역사에 대해 더 많은 것을 알고 싶은 독자는 다음 문헌을 참조할 것. Charles Seife, Zero: The Biography of a Dangerous Idea (New York: Penguin, 2000).

37. 두엔데라는 단어는 굴복을 주제로 다룬 이 장에서 언급하는 것보다 훨씬 풍부한 역사를 자랑한다. 굴복의 관념과 두엔데의 관념 사이에 존재하는 더 많은 관념을 알고 싶은 독자는 우선 다음 문헌을 참조할 것. Tracy K. Smith's collection of poetry, Duende: Poems (Saint Paul: Graywolf Press, 2007). 그리고 그가 시인 엘리자베스 알렉산더와 나눈 아름다운 대화를 볼 것을 권한다. "The Line Between Two Worlds," American Poet 32, no. 16 (Spring 2007), www.poets.org/viewmedia.php/prmMID/19726. 알렉산더는 시인 에드워드 허쉬(Edward Hirsch)나 테런스 헤이스(Terrance Hayes)와 같은 작가, 학자들 또한 훗날 이를 자세히 설명했다고 주지한다. 다음을 참조. Federico García Lorca, who first popularized the term in his 1933 essay, "Play and Theory of the Duende," in In Search of Duende (New York: New Directions, 1998-6th printing): 48-62.

38. 제리 콜로나, 저자와의 인터뷰, 2012년 3월 23일. 32. 이 책에서 인용한 콜로나의 모든 이야기는 달리 명시하지 않는 한 이 인터뷰에서 비롯된 것이다.

39. 다음을 참조. Pema Chödrön, When Things Fall Apart: Heart Advice for Difficult Times (Boston: Shambhala, 1997), 12.

40. 다음을 참조. Saunders, "Ben Saunders: Why did I ski to the North Pole?"

41. Larson, An Empire of Ice, 143.

42. 이 문장을 변형한 문장을 〈미지의 걸작〉에서 찾아볼 수 있다.

43. Paul Binding, "Into the Darkness," The Guardian, October 10, 2003, Review Section, 36.

44. Henry Wadsworth Longfellow, "The Poet's Tale; The Birds of Killingworth," in The Complete Poetical Works of Henry Wadsworth Longfellow (Boston New York: Houghton Mifflin, 1893), 243.

45. "깨뜨려 연다"라는 표현은 종종 정신적 맥락에서 언급되기도 한다. 내가 익숙한 두 가지 맥락 가운데 하나는 〈Broken Open: How Difficult Times Can Help Us Grow (New York: Villard, 2005)〉라는 책을 펴낸 오메가 인스티튜트(Omega Institute)의 공동 설립자 엘리자베스 레서(Elizabeth Lesser)의 생각이며, 다른 하나는 클라리사 핀콜라 에스테스 (Clarissa Pinkola Estés)가 앨범 〈Seeing in the Dark: Myths and Stories to Reclaim the Buried, Knowing Woman〉의 sorceress Medea 트랙에서 언급한 생각이다. 이 두 사람이 깨뜨려 연 그릇은 불가능해 보이는 아이디어를 그 어느 때보다도 더욱 많이 담고 있었다.

4장

1. 드루 길핀 파우스트(Drew Gilpin Faust)의 〈This Republic of Suffering: Death and the American Civil War (New York: Vintage, 2009)〉처럼 남북전쟁에서 희생된 사람들의 영향을 이해하는 데 도움이 되는 작품은 찾아보기 힘들다. 나는 그녀의 작품 덕에 프레더릭 더글러스의 그림에 대한 주장이 특별하고 심오하다는 것을 느낄 수 있었다. 이러한 상실의 맥락이 담긴 그림들은 메멘토 모리 이상의 감정을 표방했다. 이 그림들을 통해 상상하기조차 힘든 것을 바라볼 수 있었다. 대대적으로 묘사된 전시의 상실감 말이다.

2. "더글러스는 성스러운 결정의 화약고였다. 그는 믿을 수 있는 다이너마이트 같은 존재로, 폭발적인 힘을 발휘했다." Rev. A. A. Miner, "A Bomb of Human Dynamite: Memorial to the Late Hon. Frederick Douglass," The Monthly Review: An Illustrated Independent Magazine Devoted to the Interests of the American People Throughout the United States and the World 3, no. 1 (March 1895): 9. 찰스 더글러스(Charles Douglass)가 만든 스크랩북을 참조. Douglass Family Scrapbook, 1875, 29, Collection of Walter O.

Evans, Savannah, Georgia.

3. The Life and Writings of Frederick Douglass, ed. Philip S. Foner, 5 vols. (New York: International Publishers, 1950–1975), 48. See John Stauffer, Giants: The Parallel Lives of Frederick Douglass and Abraham Lincoln (New York: Twelve, 2008), 85–86, 200. Also see David W. Blight, Frederick Douglass' Civil War: Keeping Faith in Jubilee (Baton Rouge: Louisiana State University Press, 1989).

4. 세 번에 걸친 링컨과 더글러스의 백악관 회동에 대해 더 알고 싶은 독자는 다음 자료를 참조할 것. James Oakes, The Radical and the Republican: Frederick Douglass, Abraham Lincoln, and the Triumph of Antislavery Politics (New York: W. W. Norton & Co., 2007). Elizabeth Cady Stanton, quoted in Frederick S. Voss, Majestic in His Wrath: A Pictorial Life of Frederick Douglass (Washington, DC: Smithsonian Institution Press, 1995), Scott A. Sandage, Born Losers: A History of Failure in America (Cambridge, MA: Harvard University Press, 2005), 218.

5. 나는 일반적인 예술로 확장해 설명하고 있으나, 더글러스는 네 번이나 수정을 거친 이 강연의 대상을 '그림'으로 한정했다.

6. Frederick Douglass, "Pictures and Progress," in John W. Blassingame, ed., The Frederick Douglass Papers [hereafter FDP], series 1, vol. 3, (New Haven: Yale University Press, 1985), 461. 이 책은 1861년 그가 연설한 원고를 담고 있다.

7. Ibid.

8. Stauffer, 246. "On the wires," 다음을 참조. Benjamin Quarles, The Negro in the Civil War (New York: Russell & Russell, 1968), 173.

9. William McFeely, Frederick Douglass (New York: W. W. Norton, 1991), 100, 383.

10. Frederick Douglass, "Pictures and Progress," in Blassingame, ed., FDP.

11. Douglass, "Pictures and Progress," FDP, 459. 마르틴 하이데거(Martin Heidegger) 는 훗날 이를 "세상의 그림"으로 묘사한다. 다음을 참조. "The Age of the World Picture" in The Question Concerning Technology, and Other Essays, trans. William Lovitt (New York and London: Garland, 1977), 130. Nicholas Mirzoeff, An Introduction to Visual Culture (New York: Routledge, 1999), 5. W.J.T. 미첼은 서양 철학이 텍스트보다는 이미지, 그림에 초점을 맞추었다고 생각했다. 다음을 참조. W. J. T. Mitchell, What Do

Pictures Want? The Lives and Loves of Images (Chicago: University of Chicago Press, 2005). 미첼이 한 가지 메시지를 구체화하는 데 그치지 않고 의미를 생산하는 명상의 영감을 불러일으킬 '메타픽처'를 주장한다면, 더글러스는 이 주장을 더욱 발전시켜 그림이 우리의 현실 세상을 양산하는 방법을 보여준다. 그림의 중요성을 언급한 더글러스의 연설이 연구되기 시작한 것은 최근의 일이다. 따라서 나는 이 분야를 개척한 다른 학자들의 작품을 인용하고 싶다. 해당 작품의 목록은 다음과 같다. Laura Wexler, "'A More Perfect Likeness': Frederick Douglass and the Image of the Nation," and Ginger Hill, "'Rightly Viewed': Theorizations of Self in Frederick Douglass's Lectures on Pictures," in Pictures and Progress: Early Photography and the Making of African American Identity, ed. Maurice O. Wallace and Shawn Michelle Smith (Durham and London: Duke University Press, 2012), 18–40 and 41–82.

12. 다음을 참조. In Memoriam: Frederick Douglass, ed. Helen Douglass (Philadelphia: John C. Yorston & Co., 1897; reprint, Freeport, NY: Books for Libraries Press, 1971), 71. 더글러스는 링컨에 대해서도 똑같은 평가를 내린 적이 있다. 그는 50번 넘게 요청을 받은 유명 연설, '자수성가한 사람들'에서 쉽게 보이지 않는 '자수성가'를 이룩한 인물들이 어떠한 과정을 통해 이러한 성취를 이루었는지 천착했다. 여기에는 장님이었음에도 크게 성공한 밀턴의 이야기도 들어 있다. "깡마른 체구와 허약한 체질이라도 방대하고 화려한 성취를 이룩할 수 있다. 채닝은 허약했고, 밀턴은 장님이었고, 몽고메리는 작고 남성적이지 못했다. 그러나 이 사람들은 천 명의 삼손보다도 위대한 존재였다." 이 연설은 링컨의 이야기로 마무리되었다. 그는 연설 내내 링컨의 이야기를 강조했다.

13. Sandage, 223.

14. Ibid., 221–222. 더글러스가 처음부터 명확히 밝힌 것처럼, 모든 인류는 서로를 의지한다. 온전한 '자수성가'란 존재하지 않는다. 우리가 중요한 가치로 생각하는 모든 것들은 "동시대인들 또는 우리를 앞섰던 사람들이 제공하는 사상 및 발견"에서 비롯되었다. 우리는 이 모든 것들을 구걸하고, 빌려 쓰고, 훔쳐 왔다." 자수성가의 대상을 남성뿐 아니라 여성도 포함하는 것으로 바꾸는 편이 좋았을 것이다. 그는 세상을 떠난 날에도 여성의 참정권을 주제로 연설할 정도로 평생을 여성의 권리 확대를 위해 매진했다. 그러나 당시 그는 '자수성가'라는 말을 꾸준하고 정돈된 근면을 통해 "인종을 불문하고 인간 본성의 가장 큰 가능성을" 보여주는 의미로 주장했다. 이러한 발돋움이 "예고 없이, 생각지도 못한 국면에서" 찾아온다는 것

은 더글러스에게도 수수께끼였다. 다음을 참조. Douglass, "Self-Made Men: An Address Delivered in Carlisle, Pennsylvania, in March 1893," FDP, ser. 1, vol. 5, ed. John Blassingame and John McKivigan (New Haven: Yale University Press, 1992), 549, 550.

15. Ibid., 223. 남북전쟁 직후 영감을 돋우는 소설이 미국 시장을 뒤덮으면서, 성공과 실패는 경제적 의미를 탈피하기 시작했다. 프랜시스 클라크(Francis Clark)는 이를 가리켜 "부유하다고 해서 반드시 성공한 것은 아니며, 가난하다고 해서 반드시 실패한 것은 아니다." 라고 표현했다. 이러한 사실은 부분적으로 이른바 도금시대(Gilded Age)에 있었던 공유재산(common wealth)의 확대와 관련이 있다. 남북전쟁 당시에는 백만장자들이 존재했고, 1892년까지 미국에서 이들의 수는 4,000명까지 늘어났다. 비난을 받으면서도 간과할 수 없었던 '신사상(New Thought)'이나 신초월주의 운동이 19세기에 등장했고 이 중심에는 와이스(Weiss)의 말마따나 "자가 운전을 위한 개인의 힘"이라는 사상이 자리 잡았다. 다음을 참조. Richard Weiss, The American Myth of Success: From Horatio Alger to Norman Vincent Peale (Urbana: University of Illinois Press, 1988), 99, 130.

16. Douglass, "Self-Made Men," FDP, 545 – 575.

17. 아리스토텔레스는 이를 더욱 구체적으로 설명하고 있다. "인간을 선하게 만드는 논리가 그자체로 충분하다면, 테오그니스(Theognis)가 말한 것처럼 어떠한 보상도 아깝지 않을 것이며, 이러한 논리를 제공하는 것은 우리들의 의무다. 그러나 이러한 논리가 자유분방함에 익숙한 젊은이들을 뒤흔들 만큼 강력하더라도, 미덕으로 무장된 너그럽고 고상한 영혼을 불러올 수 있다 하더라도, 많은 남성들에게 예의 바른 행동을 고취하기란 불가능하다." The Nicomachean Ethics of Aristotle, trans. J. E. C. Welldon (London: Macmillan, 1920), 343 – 44.

18. Tamar Gendler, "Censorship," Philosophy 181, Lecture 24, Yale University, New Haven, April 14, 2011.

19. Junot Díaz, keynote speech, "Facing Race: A National Conference," November 2012, Baltimore, MD (last accessed February 15, 2013), http://colorlines.com/archives/2012/12/watch_junot_diaz_keynote_speech_from_facing_race_2012_video.html

20. 나는 여기에서 심미적 동력을 이야기하고 싶을 뿐이지, 그림이 작용하는 원리에 대한 윤리

강연을 하려는 것이 아니다. 나는 그림들이 인류애에 반하는 갖은 목적을 위한 선전도구로 이용되고 있다는 점을 알고 있다. 이러한 주제를 연구해 학위를 받은 사람들도 많으나, 내가 이번 장에서 내세우고 싶은 것은 그러한 예를 더 전문적으로 다루기보다는 그러한 부정적인 사례를 무언가로 뒷받침해 심미적 동력이 할 수 있고, 해야 하고, 우리 모두에게 영향을 미쳐 온 긍정적 효과를 상기시키기 위함이다. 심미적 동력을 받아들이는 이러한 발상은 불교 선종의 '돈오'에 대한 가르침과 정신적 궤를 공유한다.

21. Robert Legato, "The art of creating awe," TEDGlobal, June 2012.

22. Daniel Schacter to Taylor Beck, "Making sense of memory: Harvard's Schacter examines links between past and future," Harvard Gazette, August 16, 2012, (last accessed August 18, 2013), http://news.harvard.edu/gazette/story/2012/08/making-sense-of-memory/

23. 이 이론의 철학은 토머스 제퍼슨에게서 비롯되었다. 파리에 머물던 그는 장 제르멩 드루에의 〈민투르네스의 마리우스(Marius Imprisoned at Minturnae)〉를 감상한 다음 '시야 또는 상상' 속에 자리 잡은 영상이 촉매 효과를 가져왔다고 말했다. 가장 잘 알려진 한편, 때때로 조롱의 대상이 되고 있는 플로렌스 신드롬(Florence Syndrome)이라는 증상이 있다. 이 신드롬은 스탕달 신드롬(Stendhal Syndrome)이라고도 불린다. 그라지엘라 마게리니(Graziella Magherini)가 이름 붙인 이 신드롬은 1817년 산타 크로체(Santa Croce)의 바실리카에서 압도당한 스탕달(마리-앙리 바일Marie-Henri Beyle)의 느낌에서 비롯되었다. 그는 이 신드롬을 〈Naples and Florence: A Journey from Milan to Reggio〉에서 묘사하고 있다. 마게리니는 아름다움에 압도당한 상태를 수치로 표현하는 것이 가능할까 생각하며 〈La sindrome di Stendhal〉에서 이 연구의 윤곽을 그려냈다. (1989) 사만다 보드맨(Samantha Boardman)에게 하이트의 작품을 상기시켜준 것에 감사를 표한다. 다음을 참조. Francine Prose, "What Makes Us Cry?" New York Review of Books (last accessed February 14, 2013), www.nybooks.com/blogs/nyrblog/2012/sep/06/marina-abramovic-when-art-makes-us-cry/

24. Longinus on the Sublime: The Greek Text edited after the Paris Manuscript, trans. W. Rhys Roberts (Cambridge: Cambridge University Press, 2011), 43. 전부를 인용하면 다음과 같다. "고양된 언어가 청중에 미치는 효과는 설득이라기보다는 운반에 가깝다." 그러나 롱기누스(Longinus)는 플라톤과 마찬가지로 높은 차원의 즐거움과 낮

은 차원의 즐거움을 구분하는 것에 흥미를 느꼈다. 플로티노스와 같은 이들은 미를 다양한 시각으로 바라보았다. 이러한 심미안은 우리로 하여금 삶의 다른 영역에서 아름다움을 즐길 수 있도록 허락했다. Christopher Peterson and Martin Seligman, Character Strengths and Virtues: A Handbook and Classification (Washington, DC: American Psychological Association; New York: Oxford University Press, 2004), 540–41. 에이브러햄 매슬로(Abraham H. Maslow) 또한 절정 경험을 연구하며 경이에 이르는 길을 숙고했다. 윌리엄 제임스(William James)는 경이의 영역을 종교에 한정시키면서도 경이감을 수용하는 능력 자체를 건강과 동일시했다. 다음을 참조. William James, The Varieties of Religious Experience (New York: Macmillan, 1961).

25. Leo Tolstoy, What is Art? trans. Aylmer Maude (London: Funk & Wagnalls, 1904), 210. John Keats, "Letter to George and Tom Keats," December 21, 27 (?), 1817, in Selected Letters of John Keats, ed. Grant F. Scott (Cambridge, MA: Harvard University Press, 2002), 61.

26. Michael Brenson, "Art Criticism and the Aesthetic Response," Acts of Engagement: Writings on Art, Criticism, and Institutions, 1993–2002 (Lanham, Maryland: Rowman & Littlefield Publishers, 2004), 66. 브렌슨의 혼이 담긴 작품을 알게 해 준 데보라 카스(Deborah Kass)에게 감사한다.

27. Charles L. Black Jr., "My World with Louis Armstrong," Yale Law School Faculty Scholarship Series, Paper 2532 (1986): 1595–1600.

28. Beauty Matters, ed. Peg Zeglin Brand (Bloomington: Indiana University Press, 2000), 7.

29. 블랙에게는 암스트롱 또한 촉매제였다. 그는 온 미국인에게 원만한 인간관계와 정의로움의 대명사로 인식되고 있다. 다음을 참조. Fred Kaplan, "When Ambassadors Had Rhythm," New York Times, June 29, 2008, AR17.

30. Douglass, Narrative of the Life of Frederick Douglass: An American Slave (New York: Modern Library, 2000), 68–69. 물론 16세의 나이에 감시자에게 복종하지 않고 싸워 얻은 자존심 또한 그의 앞길을 이끈 원동력이었다고 사료된다. 그러나 그는 이 그림을 보고 나서 자유를 열망하는 시각이 생겼다고 믿었다.

31. Stauffer, 137.

32. 다음을 참조. John Stauffer, The Black Hearts of Men: Radical Abolitionists and the Transformation of Race (Cambridge, MA: Harvard University Press, 2002), 51-52, 54. 여기에서 스타퍼는 자신의 책에 들어간 제명에서 1864년 더글러스의 연설을 인용하고 있다. 여기에서의 연설은 의회 도서관의 FDP에서 인용한 것으로(마이크로필름으로 보관되어 있다), 존 블라싱게임이 편찬한 더글러스 시리즈에서 인용된 1861년 버전과는 구분된다.

33. 존 윌리엄 드레이퍼는 다게르의 발명이 아카데미에 발표된 이후 1년도 지나지 않아 달의 다게레오 타이프를 만들었다. 예일 대학의 여성, 성별, 성애학 교수인 로라 웩슬러(Laura Wexler)에게 감사한다. 나는 그녀의 2012년 4월 연설을 듣고 19세기 사람들이 달을 찍으려 했다는 사실을 상기할 수 있었다. 비록 그 이전의 연구를 통해 알고 있는 사실이었으나, 그녀가 제시한 방법이 나의 의식을 다시 한 번 사로잡은 탓에 좀처럼 잊히지 않는다.

34. Michael Leja, Looking Askance: Skepticism and American Art from Eakins to Duchamp (Berkeley: University of California Press, 2004), 12.

35. 화가 로사 보뇌르(Rosa Bonheur)의 그림이 칭찬을 받은 이유는 움직이는 말의 모습을 있는 그대로 묘사한다고 생각되었기 때문이다. 1887년 메트로폴리탄 박물관에 전시된 〈말 시장(The Horse Fair)〉은 카메라는 물론 인간의 눈을 뛰어넘는 엄청나게 빠른 동작을 보여준다고 생각되었다. 마이브리지는 1878년 샌프란시스코에서 '터벅대는 말의 동작(Motion of the trotting horse)'이라는 제목으로 펼친 강연과, 1882년 4월 4일 왕립예술협회에서 펼친 강연 중 자신의 사진을 보여주며 보뇌르의 그림을 무색하게 만들었다.

36. 이 방문 덕에 마이브리지의 유명한 작품, '움직이는 말(The Horse in Motion)'이 등장할 수 있었다.

37. 레자(Leja)는 육안으로 볼 수 없는 것들을 보여주는 강력한 순간을 묘사한다. 그는 이로써 인체의 한계가 존재한다는 편견을 상당 부분 무너뜨렸다. 에티엔 쥘 마레(Étienne-Jules Marey)는 마이브리지가 개척한 새로운 정지 사진에 크로노포토그라피(chronophotography)라는 이름을 붙였다. 이러한 특별한 찰나를 이해하도록 가르쳐 준 알렉산더 네메로프(Alexander Nemerov)에게 감사한다. 다음을 참조. Nancy Mowll Mathews with Charles Musser, Moving Pictures: American Art and Early Film, 1880-1910 (Manchester, VT: Hudson Hills Press, in association with Williams College Museum of Art, 2005), 16, 20 Rebecca Solnit, Motion Studies: Time, Space and Eadweard Muybridge (New York: Bloomsbury, 2003).

38. "극소의 극한에 자리 잡은 무언가는 극대의 극한과 비견될 정도로 훌륭하다. 아니, 장엄하다는 표현도 무색하지 않다." 다음을 참조. William Carpenter, The Microscope and its Revelations (London: John Churchill, 1856), 37.

39. 다음을 참조. Fitz-James O'Brien, "The Diamond Lens," Atlantic Monthly, January 1858, 354-67. "Astounding," Jabez Hogg, The Microscope: its history, construction, and applications, being a Familiar Introduction to the use of the Instrument and the study of microscopical science, 5th ed. (London: Routledge, Warne, and Routledge, 1861), 597. Martin Willis, Vision, Science and Literature, 1870-1920: Ocular Horizons, no. 15 (London: Pickering & Chatto, 2011).

40. Theodore Dreiser "Reflections," Ev'ry Month (March 1896); reprinted in Theodore Dreiser's Ev'ry Month, ed. Nancy Warner Barrineau (Athens: University of Georgia Press, 1996), 56.

41. Leja, 13.

42. Charles Seife, Zero: The Biography of a Dangerous Idea (New York: Penguin Books, 2000), 87. 원근법은 이탈리아 건축가 필리포 브루넬레스키(Filippo Brunelleschi)의 그림에서 비롯되었고, 15세기에 꾸준히 발전했다.

43. Sarah Luria, Capital Speculations: Writing and Building Washington, D.C. (Durham, NH: University of New Hampshire Press, 2006), 78.

44. "미국 상원에서는 고(故) 프레더릭 더글러스가 사망하면서 가장 위대했던 미국의 시민이 그들 곁을 떠났다는 말과 함께, 일요일에 맞춰 그의 시신을 공식적으로 의회 건물 안에 안치하자는 결의를 제안했다." Charles Chesnutt, Frederick Douglass (Boston: Small, Maynard, 1899), 130.

45. Douglass, "Pictures and Progress," FDP, 458.

5장

1. 엘 아나추이(El Anatsui)가 자신의 작품 'They Finally Broke the Pot of Wisdom'의 제목 뜻을 설명한 것 중에서. Andrew Russeth, "Light Metal: El Anatsui Weaves Delicate

Tapestries From Rough Material," New York Observer, December 11, 2012 (last accessed, February 23, 2013), http://galleristny.com/2012/12/light-metal-el-anatsui-weaves-delicate-tapestries-from-rough-material/.

2. ABC World News with Diane Sawyer, Season 3, Episode 52, http://abcnews.go.com/WNT/video/spanx-entrepreneur-shares-advice-15889928.

3. 다음을 참조. Hugo Lindgren, "Be Wrong as Fast as you Can," New York Times Magazine, January 6, 2013, 45.

4. Henry Petroski, To Forgive Design: Understanding Failure (Cambridge, MA: Belknap Press, 2012), 36–37

5. Keith Gessen, "Loser Wins," The Review of Contemporary Fiction 31, no. 1 (Spring 2011): 13–14.

6. Melville, quoted in James Wood, "The All and the If: God and Metaphor in Melville," The Broken Estate: Essays on Literature and Belief (New York: Picador, 2010), 49.

7. 리즈 딜러, 저자와의 인터뷰, 2012년 6월. 이 책에서 인용한 딜러의 모든 이야기는 달리 명시하지 않는 한 이 인터뷰에서 비롯되었다는 것을 밝힌다.

8. Joshua David, quoted in Joshua David and Robert Hammond, High Line: The Inside Story of New York City's Park in the Sky (New York: Farrar, Straus and Giroux, 2011), 6.

9. Ibid., 18.

10. Joel Sternfeld, quoted in Adam Gopnik, "A Walk on the High Line," New Yorker, May 21, 2001, 49.

11. Gopnik, "A Walk on the High Line," 41, 47.

12. Sternfeld quoted in Gopnik, 45, 47.

13. Robin Finn, "Two Friends, and the Dream of a Lofty Park Realized," The New York Times, July 11, 2008, http://www.nytimes.com/2008/07/11/nyregion/11lives.html?_r=0.

14. Robert Doug Sarini, High Line: The Inside Story, 7.

15. Christine Quinn, quoted in David and Hammond, High Line: The Inside Story.

16. 기술적인 관점에서 이 길은 재활용 또는 리노베이션으로 설명할 수 있으나, 애초부터 딜러

는 하이 라인이 '공원도 아니고, 건축물도 아닌, 뭔가 다른 것'임을 알고 있었다. 그의 팀은 '이미 존재했던 것들을 사람들이 받아들일 수 있는 방식으로 변형하거나 전사(傳寫)하려는' 또렷한 목표를 갖고 있었다.

17. Designing the High Line: Gansevoort Street to 30th Street, ed. Friends of the High Line, (New York: Friends of the High Line, 2008), 31.

6장

1. Meryl Streep, "Hope Springs," Charlie Rose, August 6, 2012.
2. Vanessa Taylor to Colin Bertram, Hope Springs' for Spec Screenwriter" NBC, August 7, 2012. 바네사 테일러는 〈호프 스프링즈〉를 집필했다. 이 필름은 식어버린 결혼생활에 다시 불꽃을 지피려는 결혼 31년 차 부부의 이야기다. 이 대본은 그녀가 새로운 일을 찾기 전에 연습 삼아 습작한 스펙 스크립트(모든 사람들이 볼 수 있는 시나리오–옮긴이)에 불과했고, 그녀는 자신의 시나리오가 읽히거나 제작될 것이라고는 꿈에도 생각지 못했다.
3. Vanessa Taylor, Interview with Jenna Milly, http://screenwritingu.com/blog/screenwriter-vanessa-taylor-sexy-romantic-comedy-hope-springs.
4. Kevin Maher, "Hollywood's secret movie Black List revealed," The Times, June 10, 2011.
5. Scott Meslow, "How Hollywood Chooses Scripts: The Insider List That Led to Abduction," The Atlantic, September 23, 2011 (last accessed February 25, 2013), www.theatlantic.com/entertainment/archive/2011/09/how-hollywood-chooses-scripts-the-insider-list-that-led-to-abduction/245541/.
6. Amy Chozick, "Hollywood's Black List Gets on Upgrade," New York Times, Media Decoder, October 12, 2011. 레너드는 나에게 직접 이러한 이야기를 들려주었다. 그러나 그는 〈뉴욕 타임스〉에도 동일한 내용을 말한 적이 있다. "레너드는 무심코 이 리스트를 만들며 리스트 위에 '살짝 반항적인 명칭을 기재했다.' 그는 이후 이 리스트를 친구들과 동료들에게 이메일로 배포했다."
7. "Un-American" Hollywood: Politics and Film in the Blacklist Era, ed. Frank Krutnik

et al. (Rutgers: Rutgers University Press, 2007). 할리우드의 블랙리스트는 할리우드 텐 [앨버 베시(Alvah Bessie), 허버트 비버먼(Herbert Biberman), 레스터 콜(Lester Cole), 에드워드 드미트릭(Edward Dmytryk), 링 라드너 주니어(Ring Lardner Jr.), 존 하워드 로슨(Wohn Howard Lawson), 앨버트 몰츠(Albert Moltz), 새뮤얼 오니츠(Samuel Ornitz), 로버트 에이드리언 스콧(Robert Adrian Scott), 돌턴 트럼보]으로 알려진 그룹을 지지하는 저항운동으로 귀결되었다. 미국 영화협회(Motion Pictures Association of America)의 후원을 받아 활동하는 스튜디오 실무자들은 HUAC의 압력을 받고 이들을 해고했다. 이 그룹은 다음 질문에 대한 대답을 거부했다. "당신은 공산당에 가입한 적이 있거나 지금 공산당에 가입하고 있습니까?" 이 리스트는 티모시 그린필드 손더스(Timothy Greenfiled-Sanders)가 기획한 〈블랙리스트〉를 말하는 것이 아니다. 그린필드의 〈블랙리스트〉는 사진술을 활용한 영화로, 미국의 인종 문제를 주제로 각 분야의 흑인들이 자신의 경험을 이야기하는 인터뷰를 집대성했다.

8. 여기에서 그는 〈Uncle Tom's Cabin〉이 '검은색은 악을, 흰색은 은총을' 의미하는 색채 상징주의에 사로잡힌 것을 비난하고 있다. 볼드윈은 이 에세이에서 '색채'의 관념이 다르게 생각되며, 검정이란 '색깔'을 부정적인 함의에서 해방시키려 애썼다. 누아르 필름의 색채 상징주의를 더 알고 싶은 독자들은 만시아 디아와라(Manthia Diawara)의 다음 자료를 참조할 것. African American Review 27, no. 4 (Winter 1993): 525-37. Rebecca Walker, ed., Black Cool: One Thousand Streams of Blackness (Berkeley, CA: Soft Skull Press, 2012).

9. 리사 코르테스, 저자와의 인터뷰, 2012년 2월 7일.

10. Maher, "Hollywood's secret movie Black List revealed," 4.

11. 블랙리스트에 오른 대본들은 125편이 제작되어 7년 남짓한 기간 동안 전 세계적으로 박스오피스 매출 110억 달러의 성과를 올렸다.

12. Nathan Adams, "Selena Gomez is a 'Hot Mess,' FilmSchoolRejects, October 18, 2011 (last accessed June 23, 2012), http://www.filmschoolrejects.com/news/selena-gomez-hot-mess-nadam.php.

13. Oliver, quoted in Nicole Sperling, "The Black List: How Hollywood's Buzziest Scripts Get Their Juice."

14. Comment by Writer A on Nikki Finke's "The Black List 2009: Full Roster,"

Deadline Hollywood, December 11, 2009 (last accessed February 25, 2013), www. deadline.com/2009/12/the-black-list-to-be-posted-here-in-entirety/.

15. S. T. VanAirsdale, "What's Left to Discover on the Black List?" Movieline December 13, 2010 (last accessed February 25, 2013), http://www.movieline. com/2010/12/13/whats-left-to-discover-on-the-black-list/.

16. 다음을 참조. Solomon E. Asch, "Effects of group pressure upon the modification and distortion of judgments," in Groups, Leadership and Men: Research in Human Relations, ed. Harold Guetzkow (Pittsburgh: Carnegie Press, 1951): 177–190 and Asch, Social Psychology (New York: Prentice-Hall, 1952).

17. Asch, "Opinions and Social Pressure," Scientific American 193, no. 5 (November 1955): 31–35. Gregory S. Berns et al., "Neurobiological Correlates of Social Conformity and Independence During Mental Rotation," Biological Psychiatry 58, no. 3 (2005): 247 [with permission from Elsevier]. 다음을 참조. Gregory Berns, Iconoclast: A Neuroscientist Reveals How to Think Differently (Boston: Harvard Business Review Press, 2008), 88–104.

18. Ibid.

19. Michael Uslan, keynote lecture, Summit Series, Squaw Valley, California, February 2012.

20. Kubrick, quoted in Michel Ciment, Kubrick, trans. Gibert Adair (New York: Holt, Rinehart and Winston, 1983), 177. 흥행에 성공하기 위해 이러한 전략이 얼마나 효율적 이냐는 중요한 문제가 아니다. 상업성의 관점에서는 잘 알려진 캐릭터를 활용한 영화처럼 흥행의 보증수표를 활용하지 말아야 할 이유는 어디에도 없다. 가장 빠른 성장세를 거듭하 고 있는 브라질과 같은 시장에 영화가 진출한다면, 아주 높은 수익을 올릴 수 있을 것이다. 〈분노의 질주: 언리미티드〉와 〈리오〉는 최근에 가장 많은 수입을 올린 영화가 될 수 있었다. 최근에는 영화 매출의 70퍼센트를 해외에서 올린다. 따라서 할리우드에서 가장 높은 수입 을 올린 〈아바타〉와 〈반지의 제왕〉이 가상의 세계를 배경으로 삼는 것은 놀라운 일이 아니 다. 특정 국가를 배경으로 삼는다면, 이를 불편하게 생각한 다른 국가에서의 매출을 포기하 는 결과가 되기 때문이다. Nicole Allan, "How to Make a Hollywood Hit," The Atlantic, May 2012, 70–71.

21. Bill Simmons, "The Movie Star: Perceived success is the name of the game in Hollywood," Grantland, June 29, 2011 (last accessed February 25, 2013), www. grantland.com/story/_/id/6716942/the-movie-star.

22. Rebecca Winters Keegan, "The Legend of Will Smith," Time 170.24, December 10, 2007, 85.

23. Simmons, "The Movie Star."

24. 퀘스트러브(Questlove)라는 이름의 드러머로도 알려진 아미르 톰프슨(Ahmir Thompson) 의 말. 〈필라델피아〉 매거진에서 인용함. 그는 자신이 이룩한 가장 위대한 성취가 무엇이냐 는 질문을 받고 이렇게 대답했다. "어느 예술가를 막론하고 나락으로 떨어지는 이유는 스스 로 '롯의 아내'가 되어 과거의 성공에 집착하고 과거의 영광에 취하기 때문입니다. 제 성공 의 비결은 과거의 영광에 연연하지 않는 것입니다. 나는 오늘 해야 할 일을 완수하더라도, 다 음 날이 되면 새로운 것을 찾아나서는 새내기의 에너지를 발휘해 다음의 도전에 나섭니다." "One of Us: Questlove [sic]," Philadelphia, April 2011 (last accessed February 25, 2013), www.phillymag.com/articles/one-of-us-uestlove.

25. 대니 보일과 닉 하코트(Nic Harcourt)의 인터뷰 중에서. "Turn it Up," Los Angeles Times Magazine, February 2009 (last accessed June 23, 2012), http://www. latimesmagazine.com/2009/02/turn-it-up-february-2009.html.

26. Michelle Kung, "In Search of a Movie Gem," The Wall Street Journal, October 13, 2011 B10.

27. Tolmach quoted in Mike Fleming Jr., "Matt Tolmach Options Black List Topper 'The Kitchen Sink,'" Deadline Hollywood, January 13, 2011 (last accessed June 22, 2012), http://www.deadline.com/tag/matt-tolmach-producer/.

28. Scorsese quoted in Rick Tetzeli, "The Vision Thing: How Marty Scorsese risked it all and lived to risk again in Hollywood," Fast Company 162 (December 2011/ January 2012), 103.

29. 노아 오펜하임, 저자와의 인터뷰, 2012년 3월.

30. Daniel Gilbert, Stumbling on Happiness (New York: A. A. Knopf, 2006), 207–208.

31. 존 오거스트(John August)나 〈베스트 엑조틱 메리골드 호텔〉을 집필한 올 파커(Ol Parker)와 같은 대본 작가들은 이 리스트가 점점 명성을 얻어갈 무렵 자신들의 트위터에

프랭클린이 "돋보이는 인물"이라 언급하며 "이 일을 할 수 있는 누군가가 있다면 바로 그일 것이다"라는 글을 남겼다. Ol Parker, Twitter post, October 16, 2012, https://twitter.com/olparker1.

7장

1. Philip Guston, quoted in Musa Mayer, Night Studio: A Memoir of Philip Guston (New York: Da Capo Press, 1997).

2. "About The Ig Nobel Prizes," Improbable Research (last accessed February 18, 2013), www.improbable.com/ig/.

3. 이 상에 대한 전체 목록은 다음 사이트에서 찾아볼 수 있다. http://www.improbable.com/ig/winners/. 내가 인용한 일부는 다음과 같다. "일본의 유키노부 타지마, 히데아키 고토, 고이치로 미조구치, 주니치 무라카미는 대기 중의 와사비 농도가 얼마나 진해야 불이 나거나 비상사태에서 사람들을 깨우기에 충분한지를 연구해 와사비 알람을 만들었고, 이를 근거로 2011년 화학상을 수상했다. 노르웨이의 카를 할보르 테이겐(Karl Halvor Teigen)은 '사람들이 매일 한숨을 쉬는 이유를' 연구해 2011년 심리학상을 받았다. 버펄로 대학의 로버트 젠코(Robert J. Genco) 박사는 경제적 스트레스와 치주질환의 관계를 연구해 1996년 경제학상을 수상했다. 킬 대학(Keele University)의 리처드 스티븐스(Richard Stephens), 존 앳킨스(John Atkins), 앤드루 킹스턴(Andew Kingston)은 '욕을 하면 고통이 덜어진다는 통념을 증명해' 평화상을 수상했다."

4. Helen Pilcher, "Laughter in the lab," Nature, October 1, 2004, http://www.nature.com/news/2004/040927/full/news040927-20.html

5. Ibid.

6. Edwin Cartlidge, "A Physicist of Many Talents," Physics World 19, no. 2 (February 2006): 8 – 9.

7. Geim, "Random Walk to Graphene," Nobel , December 8, 2010, 73. www.nobelprize.org/nobel_prizes/physics/laureates/2010/geim_lecture.pdf.

8. Sean O'Neill, "Words from the wise: Andre Geim," New Scientist 2847 (January 14,

2012): 10.

9. 앙드레 가임이 2010년 12월 6일 애덤 스미스와 했던 노벨상 인터뷰를 참조. "Video Player." Nobelprize.org. Nobel Media AB 2013. Web. 28 Aug 2013. http://www. nobelprize.org/mediaplayer/index.php?id=1408

10. Ibid.

11. 과학자들은 한때 이 영예가 탄소 나노튜브에 돌아가야 한다고 생각했다. 그러나 1차원으로 생각했던 실체는 알고 보니 원기둥으로 구성된 3차원이었다.

12. 앙드레 가임과 콘스탄틴 노보셀로프의 노벨상 인터뷰를 참조. "Video Player." Nobelprize.org. Nobel Media AB 2013. Web. 28 Aug 2013. Nobelprize.org. November 27, 2012. www.nobelprize.org/mediaplayer/index.php?id=1408&view=1

13. 노보셀로프, 저자와의 인터뷰, 2012년 12월 20일. 이 책에서 인용한 노보셀로프의 모든 이야기는 달리 명시하지 않는 한 이 인터뷰에서 비롯되었다는 것을 밝힌다.

14. Geim, "Random Walk to Graphene," Nobel lecture. Nobelprize.org.

15. Geim, "U. Manchester's Andre Geim: Sticking with Graphene-For Now," Science Watch, August 2008.

16. 가임과 노보셀로프가 2010년 12월 6일 애덤 스미스와 했던 노벨상 인터뷰를 참조. "Video Player." Nobelprize.org. Nobel Media AB 2013. Web. 28 Aug 2013.

17. Geim, "Random Walk to Graphene," Nobel lecture.

18. Erskine Caldwell, "The Art of Fiction No. 62," The Paris Review, no. 86 (Winter 1982), 141.

19. Tharp, 167.

20. 이 효과는 체계적이다. 하버드 비즈니스 스쿨의 카림 라카니(Karim Lakhani)와 라스 보 제퍼슨(Lars Bo Jeppesen)이 이노센티브의 효율성에 대해 연구를 시작했을 때, 이 회사는 〈포춘〉에서 선정한 500대 기업의 전문가들조차 해결하기 힘든 복잡한 도전을 피해 갔다. 그들은 문제의 영역에서 멀리 떨어져 있는 비전문가들로부터 해결책이 나온다는 사실을 발견했다.

21. 스탠리 크라우치(Stanley Crouch), 저자와의 인터뷰, 2012년 12월 10일.

22. 다음을 참조. Mary Baine Campbell, Wonder and Science: Imagining Worlds in Early Modern Europe (Ithaca, NY: Cornell University Press, 1999).

23. 데카르트는 1637년 출간한 《방법서설》에서 이러한 변화를 시도했다. 뵈르네는 작가라는 직

업을 가질 수밖에 없었다.(이 직업은 프랑크푸르트에서 나폴레옹의 자유법이 폐지된 이후 유
태인 공무원이 가질 수 있는 직업 가운데 하나였다). 비상식적으로 서두르는 듯한 뵈르네의
에세이는 생산 과정을 기계화하는 방법을 배우고 가르치던, 산업 혁명의 태동기라는 시대적
배경으로 말미암아 많은 논란에 휩싸였다. 또한 그는 훗날 초현실주의자들이 채택한 자동기
술 기법을 옹호했다. 어쨌건 무지의 기술에 대한 뵈르네의 통찰은 지금까지 전해지고 있다.
See Leland de la Durantaye, The Art of Ignorance,' 77 – 80.

24. Ludwig Börne, "How to Become an Original Writer in Three Days," trans. Leland
de la Durantaye, Harvard Review 31 (2006), 64, 68.

25. Schopenhauer, quoted in de la Durantaye, 77.

26. Geim, quoted in Geim and Novoselov, Nobel Prize interview with Adam Smith,
December 6, 2010.

27. 앙드레 가임, 애덤 스미스와의 노벨상 인터뷰, 2010년 10월 5일

28. Geim, quoted in Geim and Novoselov, Nobel Prize interview with Adam Smith,
December 6, 2010.

29. Geim, "U. Manchester's Andre Geim: Sticking with Graphene-For Now," Science
Watch.

30. Geim, telephone interview with Adam Smith, Nobel Prize, October 5, 2010.

31. Neil deGrasse Tyson, quoted in "Neil deGrasse Tyson: Learning how to think is
empowerment," Interview with Deborah Byrd, EarthSky, December 15, 2011 (last
accessed, February 11, 2013), earthsky.org/human-world/neil-degrasse-tyson.

32. 아이비 로스(Ivy Ross)가 코치(Coach)에 있을 때, 그녀의 팀은 화장실 문에 부착된 철물을
보고 독특한 핸드백을 만들 아이디어를 떠올렸다.

33. Ross, quoted in Roger Thompson, "A Life by Design," Harvard Business School
Alumni Bulletin, December 2004, www.alumni.hbs.edu/bulletin/2004/december/
profile.html.

34. 여기에서는 1981년부터 2001년까지 맥아더 펠로우에 선정된 인물들을 예로 들었다.

35. 프랑스어 원문은 다음과 같다. 할스테드(Halsted)가 언급하길, 프랑스어의 재귀동사 s'
accrocher(코바늘 뜨기처럼 서로 단단히 묶는다는 뜻)는 영어의 어느 어휘보다도 생생
한 묘사가 가능하다. 여기에서처럼, 더 자주 인용되는 번역에서는 푸앵카레의 단어를 '충돌

(collide)'이라는 말로 표현하고 있다.

36. Kevin Dunbar, "How Scientists Really Reason: Scientific Reasoning in Real-World Laboratories," in Robert J. Sternberg and Janet E. Davidson, eds., The Nature of Insight (Cambridge: MIT Press, 1995), 365 – 395

37. 던바와 야스민 쿠레시(Yasmeen Quresh)의 2011년 5월 인터뷰 스크립트 중에서. 달리 언급하지 않는 한 던바의 말들은 모두 이 인터뷰에서 비롯한다.

38. Ibid.

39. Thomas Lewis, Fari Amini, and Richard Lannon, A General Theory of Love (New York: Random House, 2000), 81.

40. Kathryn Schulz, Being Wrong: Adventures in the Margin of Error (New York: Ecco, 2010), 21.

41. 회계법인 어니스트 영이 폭넓게 수행한 2006년 연구에 따르면 직원들은 열 시간 휴가를 즐길 때마다 연말 성과가 8퍼센트 증가했다. 나사(NASA)의 과학자들을 대상으로 한 또 다른 연구에서도 휴가 후에 성과가 오르는 똑같은 결과가 도출되었다.

8장

1. Angela Lee Duckworth and Patrick D. Quinn, "Development and Validation of the Short Grit Scale (Grit-S)," Journal of Personality Assessment 91, no. 2 (February 2009): 166 – 174.

2. 다음을 참조. Paul Tough, How Children Succeed: Grit, Curiosity, and the Hidden Power of Character (New York: Houghton Mifflin Harcourt, 2012), 74 – 75.

3. Angela Duckworth, Research Statement for Angela L. Duckworth, August 9, 2012.

4. Ibid.

5. 다음을 참조. Walter Mischel, Yuichi Shoda, and Monica Rodriguez, "Delay of Gratification in Children," Science 244, no. 4907 (May 26, 1989): 933 – 938. Walter Mischel, Ebbe B. Ebbesen, and Antonette R. Zeiss, "Cognitive and attentional mechanisms in delay of gratification," Journal of Personality and Social

Psychology21, no. 2 (February 1972): 204 – 218. Walter Mischel, "Processes in the Delay of Gratification," Advances in Experimental Social Psychology 7 (1974): 249 – 292. 이보다 빠른 1968년에 미셸은 《Personality and Assessment》라는 책을 출간했다. 이 책에서 그는 인간성이란 독립적인 작용의 결과물이 아니며, 맥락에 의지한다고 주장했다. 그러나 인간성을 예측하는 용도로 로르샤흐의 잉크 블롯 테스트가 쓰인 당시에 확실한 결론이라고 보기에는 어려웠다.

6. Duckworth, "The Psychology of Achievement," presentation to the National Association for Gifted Children, May 2012.

7. 성장을 위한 마음가짐의 중요성을 연구한 스탠포드 심리학자 캐럴 드웩(Carol Dweck)은 이 분야에서 독보적인 입지를 구축했다. 그릿의 발견은 이러한 연구 성과에서 비롯된 것처럼 보인다. 드웩의 대표 연구에 따르면 오직 칭찬만을 늘어놓고, 실수했다는 느낌을 가질 틈 없이 학생들을 보호하는 것은 실패에 대한 두려움을 심어주어 학습을 방해하고 때로는 퇴보를 유발할 수 있다고 한다. 대신 성과만이 아닌 노력을 칭찬하면 도전이나 실패 후에 더욱 활력이 샘솟았고 학문적 성취 또한 개선되었다. 달리 말하면, 무결점 학습이 지혜로운 선택인지를 의심해야 한다. 다음을 참조. Robert A. Baron, "Negative Effects of Destructive Criticism: Impact on conflict, self-efficacy, and task performance," Journal of Applied Psychology, 73, no. 2 (May 1988), 199 – 207, doi: 10.1037/0021-9010.73.2.199. Pino Audia and Edwin Locke, "Benefiting from Negative Feedback," Human Resource Management Review 13 (2003), 633.

8. Paul Tough, "The Character Test," New York Times Magazine, September 18, 2011, 40.

9. Drew Gilpin Faust, conversation with Walter Isaacson, May 2012, New York City.

10. Faust, "By the Book," New York Time Book Review, May 24, 2012, BR6.

11. Faust, "Baccalaureate address to Class of 2008" delivered June 3, 2008, in Cambridge, Massachusetts, www.harvard.edu/president/baccalaureate-address-to-class-2008.

12. Angela Duckworth, "The Nitty Gritty: Self-Esteem vs. Self-Control," in character: A Journal of Everyday Virtues, May 28, 2010, http://incharacter.org/observation/the-nitty-gritty-self-esteem-vs-self-control/.

13. Ibid.

14. 다음을 참조. Dr. Tuomas Tepora, Sisu: The Finnish for 'Stiff Upper Lip'?, The History of Emotions Blog, October 30, 2012 (last accessed April 1, 2013), http://emotionsblog.history.qmul.ac.uk/?p=1955.

15. As Anu Partanen outlines in "What Americans Keep Ignoring About Finland's School Success," The Atlantic, December 29, 2011, http://www.theatlantic.com/national/archive/2011/12/what-americans-keep-ignoring-about-finlands-school-success/250564/. 이 통계는 OECD가 실시하는 PISA 조사에 기인한다.

16. Partanen, "What Americans Keep Ignoring About Finland's School Success."

17. 다음을 참조. Partanen, "What Americans Keep Ignoring." 파르타넨은 핀란드에 사립 학교가 없다는 사실을 강조한다. 심지어 자율형 학교마저 공공 자금으로 운영되고 있다. 이 것이 바로 유사한 발전을 바라보고 핀란드 모델을 따르려는 국가들과 차별화되는 부분이 다. 다음을 참조. Pasi Sahlberg, Finnish Lessons: What Can the World Learn from Educational Change in Finland? (New York: Teachers College Press, 2011).

18. 다음을 참조. Tom Ashbrook with Pasi Sahlberg, Okhwa Lee, and Marc Tucker, "Education Lessons from Top-Ranked Finland And South Korea," On Point, National Public Radio, February 7, 2013, http://onpoint.wbur.org/2013/02/07/finland-south-korea.

19. 태비스 스마일리(Tavis Smiley)와 윌 스미스의 대화 중에서. Tavis Smiley, PBS Video, December 12, 2007, http://video.pbs.org/video/1869183414/.

20. 제임스 왓슨, 저자와의 인터뷰, 2012년 7월 24일.

21. Samuel F. B. Morse, May 3, 1815, Letter to his parents Elizabeth Ann Breese Morse and the Reverend Jedidiah Morse, His Letters and Journals, vol. 1, ed. Edward Lind Morse (Boston: Houghton Mifflin, 1914), 177.

22. 1849년 11월 20일 모스가 제임스 페니모어 쿠퍼에게 보낸 편지는 다음과 같다. "많은 사 람들은 그림을 그리는 작업을 미소 짓는 아가씨처럼 느낄 테지만, 내 느낌은 마치 짓궂은 망아지 같았어." Morse, letter to James Fenimore Cooper, November 20, 1849, in Correspondence of James Fenimore Cooper, vol. 2 (New Haven: Yale University Press, 1922), 637.

23. Kenneth Silverman, Lightning Man: The Accursed Life of Samuel F. B. Morse (New York: Knopf, 2003), 240. 이 흔한 19세기 단어 '한 걸음 떨어져 글쓰기'는 칼 마르크스가 운송과 통신의 효과를 설명하기 위해 사용한 표현과 유사하다. "자본이 발달할수록 자본이 순환하는 궤도인 시장 또한 방대해진다. 시장이 확장될수록 자본은 더욱 대대적인 시장의 확장 및 시간에 의한 공간의 소멸을 위해 분투하게 된다. Karl Marx, Grundrisse: Foundations of the critique of political economy (rough draft), trans. Martin Nicolaus (London; New York: Penguin Books, 1993), 539. 다음을 참조. James Carey, "Technology and Ideology: The case of the telegraph," in Robert Hassan and Julian Thomas, eds., The New Media Theory Reader (Berkshire, UK: Open University Press, 2006), 225–243.

24. Silverman, 240, 242, 422.

25. Silverman, 40–41, 70, 80–81, 177. 개정 중인 의사당의 광경을 처음으로 묘사한 작품이다. 그는 이 작품을 에이전트 커티스 둘리틀(Curtis Doolittle)에게 넘겼다. 둘리틀은 이후 무슨 일이 벌어질지 예측하는 것 같았다. 쫄딱 망했다는 표현이 적합하리라. 투어에 비용을 쓰고 나니 남는 돈이 없었다.

26. Samuel F. B. Morse, His Letters and Journals, vol. 2, ed. Edward Lind Morse (Boston: Houghton Mifflin, 1914), 19.

27. Silverman, 244.

28. 덕워스와 저자와의 인터뷰, 2012년 6월 14일. 달리 언급하지 않는 한 덕워스의 발언은 이 인터뷰에 기인한다.

29. Morse, letter to parents, August 24, 1811, in Samuel F. B. Morse: His Letters and Journals, vol. 1, ed. Edward Lind Morse (Boston: Houghton Mifflin, 1914), 43–44.

30. Morse, quoted in Silverman, 24.

31. Morse, letter to parents, May 25, 1812, in Samuel F. B. Morse: His Letters and Journals, vol. 1, 75.

32. Morse, letter to father, March 25, 1812, in Samuel F. B. Morse: His Letters and Journals, vol. 1, 69.

33. Silverman, 98.

34. Ibid.

35. Jean Brockway, "The Artist Who Gave Us the Telegraph," New York Times, Feb 14, 1932, SM11. Morse quoted in David McCullough, "Samuel Morse's Reversal of Fortune," Smithsonian, September 2011, 80–88. 모스의 기계가 언제 처음 제작되었는지는 정확히 알 수 없다. 모스의 전기 작가 실버먼(Silrer-man)은 이렇게 언급한다. "그는 5년간 조용히 이 장치를 개발해왔다. 모스는 실험을 통해 전신기의 설계를 수시로 바꿨다. 1837년 근방에 만들었던 장치는 워낙 조악해 보여주기조차 꺼려할 정도였다. 그는 캔버스 버팀목으로 사용할 나무틀로 장치를 제작했다." 또한 1832년 설리 호 위에서 최초의 영감을 받은 때로부터 1837년에 포트 룰(Port-rule)과 레지스터(register)라는 부속품으로 구성된 전신기를 발명하기까지 무슨 일이 있었는지는 정확히 알 수 없다. 설리 호에서 작업하던 스케치북이 더 이상 남아 있지 않기 때문일 수도 있다. "그는 장치를 보여주기 싫어했다." "너무 건방지다."

36. Comment from the student, see Samuel I. Prime, The Life of Samuel F. B. Morse, L.L.D., 724.

37. Daniel Huntington, quoted in Samuel F. B. Morse: His Letters and Journals, vol. 1, 486.

38. Silverman, 154. Frank Jewett Mather Jr., "S. F. B. Morse and the Telegraph," The Nation, August 26, 1915, 255–257.

39. Morse quoted in "A Samuel Morse Letter Turns Up," New York Times, April 25, 1926, 8. David McCullough, The Greater Journey, 157. 사진들을 판다는 것은 특별히 이상하게 여겨진 것이 분명하다. 1839년 프랑스에서 모스는 발명가로 직업을 바꾼 또 다른 화가 다게르를 방문하고 다음과 같은 글을 남겼다. "잠시도 이야기가 끊이지 않는다. 지금, 파리에 등장한 불가사의 두 개가 모든 사람들의 입에 오르내리고 있다. 하나는 카메라 암상자의 이미지를 영구히 포착하는 다게르의 기술이며, 다른 하나는 모스의 전자기 전신기다."

40. Silverman, 216, 218, 326.

41. Samuel Isham, quoted in Samuel F. B. Morse: His Letters and Journals, vol. 1, 437.

42. Silverman, 410.

43. Ibid., 301.

44. Duckworth, "Breakout Session," 16th Annual Women's Leadership Conference,

Bay Path College, April 29, 2011.

45. Randolph, quoted in Tough, "The Character Test," New York Times Magazine, September 18, 2011, 85.

46. John Baldessari, quoted in Sarah Thornton, Seven Days in the Art World (New York: W. W. Norton & Company, 2008), 52.

47. Finkel, "Tales From the Crit," A34.

48. Robert Farris Thompson, Flash of the Spirit: African & Afro-American Art & Philosophy (New York: Random House, 1983).

49. Chinua Achebe, "The Art of Fiction No. 139," The Paris Review, no. 133 (Winter 1994), 159.

50. George Kubler, The Shape of Time: Remarks on the History of Things (New Haven: Yale University Press), 33.

51. Tharp with Mark Reiter, The Creative Habit, 133–135

52. 제임스 왓슨, 저자와의 인터뷰, 2012년 7월.

에필로그

1. 생물학자 키 데이비드슨(Keay Davidson)의 발견에 따르면, 칼 세이건이 1959년 UC 버클리의 연구 장학금을 지원하면서 자세한 내용이 밝혀졌다고 한다. 미국 공군은 냉전 시기에 과학자이자 천문학자인 세이건을 고용해 달을 폭파하는 것이 수학적으로 가능한지 알아보려 했다. 그들은 러시아에게 군사적 힘을 과시하는 데 혈안이 되어 있었다. 프로젝트 A119로 알려진 '달 탐험 비행 연구'는 세이건의 전기를 통해 우연히 공개되기 전까지 비밀로 남아 있었다. 이처럼 무시무시한 발상은 무엇이 우리를 넘어서고, 무엇이 우리 주변에 있고, 그들 모두가 어떻게 얽혀 있는지를 생각하는 우리의 수준이 얼마나 보잘것없는지를 명확히 보여준다(세이건은 그저 달의 버섯구름 폭발이 얼마나 거대한지 알기 위해 필요한 계산을 수행했을 뿐이다). 다음을 참조. Antony Barnett, "US planned one big nuclear bang for mankind," The Observer, May 14, 2000, 1.

2. "승리는 100명의 아버지요, 패배는 고아라는 속담이 있습니다." John F. Kennedy News

Conference, Apr. 21, 1961, in "The President's News Conference of April 12, 1961,"
Public Papers of the Presidents of the United States. 1961 (Washington, DC:
Government Printing Office, 1962), 312.

이 책에 사용된 이미지는 저작권을 가지고 있는 분들의 허락과 도움을 받아 게재한 것입니다. 저작권자를 찾지 못하여 게재 허락을 받지 못한 일부 이미지에 대해서는 저작권자가 확인되는 대로 허락을 받고 통상의 기준에 따라 사용료를 지불하도록 하겠습니다.

25p 미켈란젤로 부오나로티, 〈소네트 V(조반니 다 피스토이아에게)〉 천장을 칠하고 있는 자신의 캐리커쳐와 함께, 1510년, 펜과 잉크, 11x7 사진: 스튜디오 포토그라피코 쿼트론, 플로렌스.

41p 크리스 테일러, 〈곧은 선은 불가능하다〉, 2003, 보너빌 솔트 플랫, 사진: 빌 길버트.

46p 〈폴 테일러〉, ©Carl, 밴 벡턴, 1960

52p 루이스 호스트, "폴 테일러와 댄스 컴퍼니 리뷰" 〈댄스 옵저버〉 24'9 139, 1957.

61p 리제트 모델, 〈루이 암스트롱〉, 1956, 국립 초상화 미술관, 스미소니언 뮤지엄 ©리제트 모델 재단, 1983.

72p 허버트 폰팅, 〈남극 빙산의 작은 동굴〉, 1911, 캠브리지 대학 스콧 부설 극지 연구소 승인.

116p 제임스 필립스, 〈노예선의 묘사〉, 런던, 1787, ©영국 국립 도서관 위원회. All Rights Reserved. 1881.d.8(46).

121p NASA, 윌리엄 앤더스, 〈어스라이즈〉, 1968.

126p 조엘 스텐펠드, 〈6월 낮에 바라보는 남쪽〉, 디지털 C-프린트; 39½x50 in(100.33x127cm), 작가와 뉴욕 루링 어거스틴 갤러리 승인.

147p 프랭클린 레너드, 〈블랙리스트(세부 사항)〉, 2005.

152p 솔로몬 애시 테스트, 〈사이언티픽 아메리칸〉 허가하에 복제 ©사이언티픽 아메리칸 Inc. All rights reserved.

171p 현미경으로 본 그래핀 ©맨체스터 대학 응집물리학 그룹.

171p 〈공중 부양하는 개구리(Levitating Frog)〉, ©하이필드자석연구소, 라드바우드 대학 네

이메헨.

200p 새뮤얼 F.B 모스, 〈루브르 갤러리〉, 1831-33. 캔버스에 오일, 73¾x108 다니엘 J. 테라 콜렉션, 1992-51. 시카고 테라 재단 시카고/뉴욕 아트 리소스.

209p 새뮤얼 F. B. 모스, 최초의 전신기, 1837. 스미소니언 협회의 국립미국사박물관, 일과 산업 파트.

옮긴이 박지훈

서울대학교 법과대학 사법학과를 졸업하고 동 대학원에서 회사법 석사과정을 수료하였다. 현재 한국투자신탁운용에서 Financial Risk Manager로 근무하고 있으며, KAIST 금융전문가 과정을 수료하였고 연세대 part time MBA 과정을 병행하며 출판 및 번역 에이전시 하니브릿지에서 출판 및 번역 전문가로 활동하고 있다.

주요 역서로 《인디스펜서블 : 시대가 인물을 만드는가 인물이 시대를 만드는가》,《왜 그런 사람과 결혼할까?》,《인간이 만든 빛의 세계사》,《사이코지오그래피. 1》,《사이코지오그래피. 2》,《패닉에서 벗어나기》,《밀가루만 끊어도 100가지 병을 막을 수 있다》,《세상의 과학은 어떻게 시작되었는가: 인문학자 버트먼 교수의 고대 과학사 산책》,《아주 중요한 거짓말》이 있으며, 다큐멘터리 〈에이즈 가설의 저편 너머〉,〈하우스 오브 넘버스〉의 번역을 담당했다.

누가 더 끝까지 해내는가

초판 1쇄 발행 2015년 7월 28일
초판 2쇄 발행 2015년 8월 5일

지은이 세라 루이스 **옮긴이** 박지훈
발행인 서영택 **본부장** 김장환
편집인 김보경 **편집장** 김지혜 **편집** 이보라
디자인 이석운, 김미연 **교정교열** 서주희
제작 류정옥 **마케팅** 이현은 최준혁 이은미
국제업무 나현숙 공은주 최하나

임프린트 웅진지식하우스 **주소** 서울시 종로구 인사동9길 27 가야빌딩
주문전화 02-3670-1595, 1173 **팩스** 02-3670-5417
문의전화 02-3670-1119(편집), 02-3670-1199(영업)

홈페이지 http://www.wjbooks.co.kr
트위터 @wjbooks
페이스북 http://www.facebook.com/wjbook

발행처 (주)웅진씽크빅 **출판신고** 1980년 3월 29일 제406-2007-00046호

한국어판 출판권 ⓒ 웅진씽크빅, 2015
ISBN 978-89-01-20487-1 03320

웅진지식하우스는 (주)웅진씽크빅 단행본사업본부의 임프린트입니다.

이 책의 한국어판 저작권은 Imprima Korea Agency를 통해 Sarah Lewis, c/o William Morris Endeavor Entertainment, LLC,와의 독점 계약으로 웅진씽크빅에 있습니다. 저작권법에 의해 한국 내에서 보호를 받는 저작물이므로 무단전재와 무단복제를 금합니다.

이 도서의 국립중앙도서관 출판시도서목록(CIP)은 e-CIP홈페이지(http://www.nl.go.kr/ecip)와 국가자료공동목록시스템(http://www.nl.go.kr/kolisnet)에서 이용하실 수 있습니다.(CIP제어번호: CIP2015019337)

- 잘못된 책은 구입하신 곳에서 바꾸어 드립니다.
- 책값은 뒤표지에 있습니다.